樋口恵子
上野千鶴子

人生のやめどき

しがらみを捨てて
これからを楽しむ

マガジンハウス

しがらみを捨てて
これからを楽しむ

人生のやめどき

はじめに──上野千鶴子

　わたしには、このひとに何か頼まれたら何をさしおいても駆けつけるというグレイト・レイディズが何人かいらっしゃる。そのおひとりが、樋口恵子さんである。

　樋口さんとは何度もシンポジウムや座談会でご一緒したが、考えてみたら、対談をしたことがないことに気がついた。その樋口さんからお声がかかったのだから、一も二もなくお引き受けした。

　テーマは「人生のやめどき」だという。樋口さんは御年八八歳、わたしはそれより一六歳若い。人生百年時代に、わたしなどは、まだ高齢者ビギナーだが、畏友春日キスヨさんの言う、人生の最期に待っている「ヨタヘロ期」こと、「ヨタヨタヘロヘロ期」に、樋口おネエさまは足を踏みいれているらしい。自分より少し先を行く先輩の背を見て育ってきた者としては、この際、膝詰めで樋口さんのホンネを聞いてみたいと思った。このチャンスを逃す手はない。

それも樋口さんが老後を迎えて建て替えたご新居で。おひとりさまの在宅派であるわたしに、樋口さんは最期は施設か自宅か、「決められないわね」と言を左右にしてきた。どちらを選んだひとたちにも配慮した発言だと思うが、八〇歳を超してから、ご本人がここなら入ってもよいと思われる有料施設の入居金に充当する蓄えを放出して、いまや寿命の尽きた都内の庭付き一戸建てを改築するという大決断をなさった。それでわたしは樋口さんに会うたびに、こう言うようになったのだ。「樋口さんもついにルビコン川を渡りましたね。これで施設派へは引き返せません、在宅死のお覚悟はできましたか?」と。

その在宅の環境もこの目で拝見したかった。エレベーター付きの二階建て、手入れのよい前庭から通りを歩くひとの気配が伝わり、玄関脇の緑が見える居間に介護ベッドを置いてヘルパーさんに出入りしてもらえば、要介護生活も快適だろう。

「人生のやめどき」というが、樋口さんはちっとも人生をやめる気なんかなさそうだ（笑）。わたしよりずっと貪欲で、エネルギーにあふれている。わたしも「やめどき」を語るには、ちと早いような気もする。だが、「やめどき」をネタに、かねてより樋口おネエさまに聞いてみたいことがたくさんあった。やめどきは、始まりのときをふりかえることでもある。

女にとって激動の時代を、少しの時差で生きたふたりの女には、尽きない話のタネがあった。

それだけではない。もしかしたら、もしかしたら、樋口さんは、ご自分の頭や記憶力がたしかなうちに、わたしとさしで話しておこうと思われたのかもしれない。たぶん二度とない機会だと思ったから、わたしもずいぶんつっこんだ話をした。

結果として、「料理のやめどき」「クラス会のやめどき」から「家族のやめどき」、はては「人生のやめどき」まで。広く、深く、語りあうことができた。

同時代に樋口恵子という大先達がいて、幸運だったと思う。ずっとこのひとの背を見て走って来たような気がする。

樋口さん、人生のやめかたも、しっかり見せてくださいね。

人生のやめどき＊もくじ

第一章　家族のやめどき

第四章 自立のやめどき

第五章　人生のやめどき

構成　冨部志保子（グループラップ）
ブックデザイン　鈴木成一デザイン室
写真　中島慶子（マガジンハウス）

第一章

家族のやめどき

親のやめどき

上野　先日、ある子育て雑誌のインタビューで、最後に極めつけの質問をされたんです。どんな質問かというと、「上野さんにとって、親とは？」。まったく予期していなかったので驚きました。それで、思わず口をついて出た自分の言葉にさらに驚いた。「はた迷惑です」って言ったの（笑）。その言葉がそのまま誌面に掲載されたものだから、読んだ人からどれだけ批判がくるかと予期したら、これまたびっくりするくらい反発が少なくて。逆に多かったのが共感の声。若い母親の読者から「子どもにとってははた迷惑にならないような人生を送ります」とかいう感想が寄せられたりして面くらいました。

樋口　私にしても両親への愛情もあれば感謝の気持ちもあるけれど、確かに父も母も「はた迷惑」ですよ、私にとっても。

上野　ですよね。強い親も弱い親も、それなりに。

樋口　そうそう。うちの娘もそう思っているに違いないわ。なぜなら上野さんほど有名ではないけれど、テレビに出たりして、それなりに顔が知れてるし、ちょっとかさばる、悪目立ちする親ですから（笑）。

上野　どこへ行っても樋口さんのお嬢さんって、言われますよね。

樋口　そうそう。でも、娘はそのわりには苦情も言わずに、よく育ってくれました。娘が思春期のときにパートナーと事実上の再婚をして、これは娘にとって本当は嫌なことだったと思う。それでもとりたててグレもせずに育ってくれて。それには本当に感謝しています。

上野　樋口恵子の娘っていう看板を背負うと、グレられないですよ。

樋口　嫌なことがあったとしても眉一つ動かさず、友だちをしっかりとつくって、別に偉くもならなかったけれど、放射線診断医という専門分野で働いています。

上野　ご立派です。健気《けなげ》だわ。

　後になってから親のことがわかる、ということもあります。私の父は金沢の町医者で二〇〇一年に八六歳で亡くなったんですが、生きているときはとんでもないワンマンで典型的な日本の亭主関白で、暴君で癇癪《かんしゃく》持ちで社会性がない人間だと思っていたんですが、亡くなってからお葬式に来てくれた患者さんたちが、ものすごく知的で聡明な人ばかりで。お父さん、あなたはこういう人たちに選ばれていたの、って初めて職業人としての彼を見直しました。

樋口　上野さんの父上が、へんてこりんな男であるはずはないけれど。

上野　職業人としては立派でも、家庭人としては最低でした。そんなものでしょう？ だから、はた迷惑だったんです。

樋口　やっぱり、はた迷惑が親の特権ね。

上野　ちなみに、愛情って夫に対するものと子どもに対するもので全然違いますけど、親への愛情と子どもへの愛情も違うもののようですね。

樋口　まるっきり違う！

上野　私は、ご存じのようにおひとりさまで、ずっと子どもサイドにいた人間なので、親がわが子を思う気持ちというものを経験していないんですけど。親業、とりわけ母親業って、いつ卒業するものなんですか？

樋口　わが家などは、私と娘とで盛大な喧嘩《けんか》をしょっちゅうしますから、仲の悪い親子のサンプルみたいなものですけれど、やっぱり子どもって特別なものですからね。幼いときはもちろんですが、今でも娘に何かあれば、身を挺《てい》してかばいますよ。

上野　ということは、母親業に卒業なんてないと？

樋口　**ないですね。死ぬまでない。**

ほら、豊臣秀吉は晩年、年老いてからできた秀頼可愛さに、甥《おい》の秀次とその一族を殺戮《さつりく》して醜態をさらしたでしょう？　自分の死を悟ったときも、五大老・五奉行に「秀頼を頼み参らせ候」と伝えたりして。私も、死の間際に何を言ってもよかったら、**枕元にいる人に「くれぐれも娘をよろしくお願いいたします」と言って死ぬと思う。**

孫より子、子より自分

上野　聞いていいですか？　母として、結婚も出産もしていない娘に対する不安ってあります？　晩年に醜態をさらした秀吉は、息子がまだ一人前になっていなくて、それで死の間際に「よろしく頼む」と言ったわけでしょう？　とすると、娘がちゃんと家庭をつくって子どももいたとしたら、そうは思わないものなんですか？

樋口　いや、それでもやっぱり思うと思う。ただし、孫なんぞよりも娘のほうが可愛いでしょうね。私には孫がいないから実際のところはわからないけれど。

上野　そういえば、以前、河村都さんに頼まれて『子や孫にしばられない生き方』（産業編集センター／二〇一七年）に書いた推薦文が「孫より子どもが大事。それよりもっと自分が大事。おひとりさまの自由を手放さない新世代の祖母たちが登場した」というものでした（笑）。

樋口　はい、おっしゃる通り。

上野　一方で、私がずっと気になっているのは、障害のある子どもを持つ親たちの老いの問題なんです。障害のある子どもの親たちの最大の懸念は、さっき樋口さんがおっしゃったように「この子を頼む」、つまり、親亡き後の子の行く末です。死んでも死にきれない思いを持っておられるだろうなと。じゃあ、いわゆる健常な子どもを持つ親たちはどうなんだろうかと思って、「あなたがこの子を置いて死ねないと思うのはいつまでですか？」と聞いてまわったことがあるんです。

樋口　私は、さっさと死ねますよ。

上野　ということは、さっきの「娘をよろしく」と言うのは、なかばギャグ？（笑）

樋口　一応、娘を育てあげましたからね。逆を言うと、就職するまでは子どもを置いて死ねなかったと思います。まあ、私が死んだって娘は学校を卒業できるかもしれませんが、一人前にするまでが親の役目だと思っていましたから。だから、卒業式は嬉しかったわよ、本当に。

上野　じゃあ、子どもの卒業式が親業の卒業式と言っていいですか？

樋口　というより、もうこれで私がどこで死のうと、これから先は本人の力だという感じかな。

上野　お金も、もう出さなくて済むし。

樋口　そう。月謝も払わなくていいし。

上野　子どもを産んだ女友だちには、「よかったわねえ、生きてく理由ができて」って言うんですが、その賞味期限がいつまでか、と。死ぬまで親はやめられないという人もいるけれど、なかには出産の場で身二つになった瞬間に、この子は私とは別の命だ、私がいてもいなくても生きていくと思ったという見事な女性もいました。

樋口　それと、ちょっと話は別かもしれませんけれど、上野さんも私も長らくメディアの人生相談をやらせていただいていますが、あの中に、きょうだい間の差別についての相談がしばしば寄せられます。その相談者というのが、七〇代だったり、八〇代だったりと結構な高齢。そんな年齢になっても、親から差別されたという意識が残っているの。そういうのは、どうしようもないんですかね？

上野　結局、親がケリをつけずに死んでしまうから、恨みが残るんでしょうね。でも実際、子どもを平等に愛している親なんて、ほとんどいないですよね。

樋口　絶対にいない。私はひとり娘の母でよかったとつくづく思います。私はそれなりに「博愛衆ニ及ホシ（広くすべての人に愛の手を差し伸べよう）」と思っている人間ではあるけれど、結果として好き嫌いもある人間です。他人様なら好き嫌いを見せても許されるかもしれないけれど、我が子に対しては許されません。だから、一人娘の親であったことに感謝しています。もし、二人、三人いたら、自分と気の合うほうとか、器量のよいほうとか、偏差値の高いほうとかに、より愛を注いだかもしれませんから。

上野　娘と息子が両方いる私の同世代の女たちは、「どうしても娘のことが好きになれないのよね」と私に向かって言うんだけど、そんな言葉を発する母親の気持ちって、絶対娘に伝わっていると思うから、ぞっとします。

樋口　私の父は兄を偏愛していて、まわりの人たちが、父が私に冷淡であることを心配するほどだったの。でも、私はあんまり傷ついていないんですよ。なぜかというと、兄は男、私は女だから。女の子は女の子なりの愛され方があるんです。お稽古事だったり、きれいな洋服を着ることだったり。

上野　私も父には愛されましたけど、いわゆる無責任な「ペット愛」でした。父は、休む暇なく家事をする母に癇癪をぶつけ、兄と弟には将来を期待するのに、一人娘の私にはメロメロで、「チコちゃんは可愛いお嫁さんになるんだよ」と言って甘やかすという。尊敬できない人でしたけど、父の葬式での経験とか、父が死んでから自分の中で変化した思いもあります。

樋口　たとえペット愛でも可愛がってくれたことは事実だし。

上野　そう。死者も成長するんです。愛された経験はギフトでしたからね。だから、**はた迷惑な親のまま親業をやめたとしても、それはそれで、愛された記憶があれば、価値はあります。**

妻のやめどき

樋口　妻のやめどきというテーマで思い出すのが、労働組合の幹部同士のご夫婦ね。そのご夫婦、働いていたときは理想的に家事の分担ができていたんですって。でも、妻が定年になったとたん、一気にこれまで二人の間にあったセオリーが変わってきたの。要するに夫は、妻が定年になったら家庭の仕事はすべて妻がするものだと思っていたらしくて。

上野　何、それ？

樋口　私も、そういう理屈があることを初めて知ったんだけど。要するに、今までは君も働いていたから俺も家事をしたけれど、今日から君は専業主婦なんだから全面的に家事をして当たり前と言うわけ。そこで妻は夫と三晩くらい徹底的に討論をして、それは間違っているということを言って聞かせて、ようやく今まで通りに収まったんですって。

上野　つまり、その男性の理屈だと、これまで妻は不完全な主婦だったと。それが定年を迎えて完全な主婦になるんだからということなのね。開いた口がふさがらない。自分だって定年退職者なのに。

樋口　まったく（笑）。同じ年数を働いてきているから、もらう年金もほぼ同額なのに。

上野　でも、とっても男らしい理屈ですね。

　その話で思い出しました。私と同世代の元大学院生カップルで、当時、妻は学生結婚で子どもを産んで、ワンオペ育児でどんどん疲弊していったんです。そんなときに夫が「君は普通の女性以上のことをしようとしているんだから、家事も育児も普通の女性並みにできて当たり前だ」と言ったんですよ。これもすごい理屈でしょう？

樋口　すごい（笑）。

上野　妻がまた真面目な日本の女なものだから、彼の言葉に納得しちゃったんです。それで家事と育児を全部背負い込んで、そのうえ、大学院の勉強もあって、さらにどんどんやつれていって。私が忠告しようとしたら、夫のほうが「上野さん、親戚のおばさんみたいなこと、言わないでください。僕ら、うまくやってますから」と。そういう理屈が男のほうで成り立っちゃう、驚くべきことに。今の樋口さんの話は妻が納得せずに説得したケースですが、このカップルは妻が納得させられてしまったケース。結局、妻は退学しました。どうかと思います。

労働組合運動や社会運動をやっている男性は夫としては最悪のことがあります。というのは、社会運動って正義とか大義のためにあるものじゃないですか。これが仮にモーレツサラリーマンだったら、「あなたがやっているのは、せいぜい会社の利益のためでしょう？」と言えるんだけど、社会運動をしている夫が走り回って家を顧みなくても、同じようには言えないというのを聞いたことがあります。例えば、いわさきちひろさん（絵本作家／一九一八～一九七四年）の夫の松本善明さん（弁護士・共産党所属の国会議員／一九二六～二〇一九年）も、戦後最大の冤罪《えんざい》事件といわれた松川事件なんかを手がけたりして立派な人ですが、朝早く家を出て夜遅くまで帰らない。だから、ちひろさんが女家長で、両親や子どもの世話、家計の維持まで全部やって、もうボロボロだったらしいんです。で、ある日帰ってきた夫に「あなたが悪い」って言ったんですって。そしたら善明さんが無邪気に「僕のどこが悪い？だって、僕は一日中いないんだよ」って（笑）。

樋口　善明さん、何もしなくてもいいと思ってる（笑）。

上野　これもすごい理屈でしょう？　でも、ちひろさんが立派なのは、それを聞いて唖然《あぜん》として思わず吹き出して終わっちゃったこと。

樋口　それで終わっちゃっていいのかしらね。

上野　そうなの。でも、愛があったからいいんでしょう。

樋口　だけど、男の人って必要なときに出てきて、面倒くさいときにすーっと引っ込んでくれる幽霊のような存在が、一番いいかもね。男にとっての女も同じかもしれないけれど。

上野　樋口さんの世代の夫婦で、妻が夫に敬語を使っている家庭はありますか？

樋口　ほとんどないと思う。

　そういえば、松本清張さんの『砂の器』という小説があるでしょう？　あの中にハンセン病のことが出てくるから読んだんですが、妻が夫に使う言葉が敬語ばかりでした。

上野　小説の時代設定は何年頃でしたっけ？

樋口　六〇年代頃ね。だから、私よりも上の世代。

上野　私の世代も、周囲の学生に聞いても、妻が夫に敬語を使っている家庭はゼロでした。

樋口　そのあたりはずいぶん変わりましたね。もっとも、うちの両親は二人とも明治生まれなので、母は父に向かって「お父様、何になさいますか？」でしたけどね。

上野　それが今ではまったく消えてなくなった。

樋口　そう考えると、嫁と姑の仲が悪いのは当たり前よね。自分は夫に敬語を使っていたのに、どこの誰とも知れない女が、自分の大事な息子に向かって「あんた、何してんの」って言うんだもの。

上野　そこが、娘の母と息子の母で全然態度が違うんですよ。息子の母だと「嫁があんなふうで、息子がかわいそう」とか言って怒るのに、娘の母だとそうでもない。

樋口　そうそう。私の小学校時代の同級生は、やっぱり息子がかわいそうとか、嫁に威張られていると感じているわよ。ところが、彼女らの息子たちはみんな何かがあると決まって嫁サイドについて「ママが悪い」って言うんですって（笑）。

「いい嫁は福祉の敵」

樋口　今の話ともつながるけれど、私が今度書きたいものの一つが「嫁哀史」なんです。日

上野　**本全体の女性の地位と諸悪の根源は、やっぱり嫁だと思う。**でも、いい嫁ぶると後々つらくなるものね。だからダメ嫁と思われるくらいがちょうどよろしい。

樋口　そもそも、愛する息子を奪った女が「いい嫁」になれるはずがないですからね。

上野　そうそう。姑はそんなにしてくれと頼んでいるわけでもないのに、独り相撲をとって、勝手に疲れ果てて病気になったりしてね。いい嫁であろうとすると、相手を放っておけなくなるのね。

樋口　よく姑と嫁のいい関係について、「母と娘のようです」なんていう人もいるけど、ムリがあります。

上野　私の身近な女子集団の中に、姑歴五〇年くらいの人がいるの。彼女は、絶対に嫁の悪口を言いません。とにかく嫁とはずっと同居。それでいて相手に介入しないの。それに、その姑さん、完璧に家事をやる人で。

樋口　そういうできた姑が介入しないで黙ってそこにいるっていうだけで、嫁にとってはすごいプレッシャーですよ。私は耐えられないな。

上野　ちょっと意地悪心で、彼女はいったいいつ嫁の悪口を言い出すんだろうって待ってるんだけど、全然言わない！　逆に、ことあるごとに褒《ほ》めるんですよ。「うちのハルコさんはお料理が上手で」、「うちのハルコさんはこんな言葉をかけてくれるの」、「ハルコさんのご実家から電話があって、いついつハルコを貸していただけますかっておっしゃるの。そんなご両親に育てられたからハルコさんはよくできているんですわ」って。確かに、ハルコさんは器量もいいし、姑の友人とのつきあいも出ず入らずで、姑を差し置いて何かするようなこともないし、さりとて失礼に当たるようなことは絶対しないし、人に抵抗感を持たせない。よくできた人だと思います。でも、どんなにできのいい嫁でも、ずっと一緒にいるとどっかで文句は出るものだろうと思うんだけど、やっぱり出ない（笑）。

上野 賢い姑と賢い嫁が絶妙の距離をとりながら、お互いの悪口を言わずに半世紀過ごすって、考えただけでも胸が圧迫される思いです。ハルコさん、かわいそう。

樋口 でも、ハルコさんもストレスでやせて、なんてことはなくて、ふくよかで、穏やかで。これはどっちが偉いんだろうと思ってね。

上野 それにご実家が「ハルコを貸してください」とおっしゃるのも、ドキッとします。嫁にやるっていうのは、娘を他家にくれてやるという意識、すごいですね。それも嫁哀史の一例ですよ。

樋口　ハルコさんは、上野さん世代よ。

上野　私の世代の女たちは、結婚して都会に出てきた場合が多いから、核家族を築いているケースがすごく多いんです。ところが自分が産んだ子どもの数は少なくて、一人か二人だったりするでしょう？　そうなると息子か娘を手もとに置いて、できたら同居してほしいと思ってるようです。そういうのを見ると、自分は嫁をやってこなかったくせに、何考えてるんだろうって思う。完全に夫を自分の側に引き込んで、親戚づきあいは妻方ばっかり。好き勝手にやってきた女が、息子は手放したくないなんて、どうかと思う。

　そういえば樋口さん、昔「いい嫁は福祉の敵」という名言を吐かれましたね。

樋口　そうそう。模範的な奥様は、ボケた夫や嫁ぎ先の両親を自宅で介護して、あの世に送り届けなければ死ねませんでしたから。

上野　そういう**真面目で責任感の強い嫁が、家父長制を再生産します。**

樋口　やっぱり、「よい嫁は社会の足を引っ張る」ってことね。

家族のやめどき

上野　一時、「卒婚」という言葉が流行ったでしょう？　人生百年時代の今、二〇代のどこかでとち狂って選んだ相手と、あと半世紀以上過ごすなんて考えられないことじゃないですか。樋口さんはお幸せなことに二度も夫を取り換えて、無事に両方とも恨みっこなしで見送られたからよかったですけど。まわりを見ると、この人たち、どこかで家族を卒業したらいいのにと思う例がいっぱいあります。

樋口　いろいろなご相談の中に、嫁との仲の悪さを綴《つづ》ったご相談がかなりあるんです。その中に、何千万円もかけて二世帯住宅を建てたものの、嫁と折り合いが悪くて二〇年間いっさい口をきいていない、という例があったの。たぶん、お金持ちなんでしょうけれど、そのお姑さんは顔を合わせたくないために早朝から夕方まで仕事に出ていて、帰宅して自分の部屋に行くと、何か物を盗られたと思うんですって。これは初期の認知症かもしれないけれど、とにかくそんな妄想があるらしい。それで息子が唯々諾々《いいだくだく》と部屋にカギをつけてくれて、それは解決したんだけれど、中学生の孫も一言も口をきいてくれない、嫁とも喋《しゃべ》らない、ご飯も一緒に食べないという。それじゃあいったい何のために同居しているのかと。

上野　世間体のために、じゃないですか。

樋口　私は財産関係だと思う。

上野　同居してると家賃はタダだし。でも、それは金に飽かせて子どもを支配しようとした母親が悪いですよ。

樋口　だから、本人もさっさと別居したほうがいいんじゃないかと悩んでいるわけよ。そんなふうになったのは何が原因かわからないけれど、**今さら仲よくできるはずもないし、別居しかないわよね。**

上野　というか、もう実質的に別居状態でしょ。だから、そのままでいいんじゃないですか。その人、どうしてほしいんですか？

樋口　嫁の態度が変わって、口をきいてほしいと思うんだけど、それは不可能ね。

上野　ですよね。長年のこじれが積み重なっていますから。

樋口　見ていると、どうしてここまで仲が悪いのに家族でいるんだろうと思うことが、世の中には山のごとくありますよね。さりとてやめることもできないから、そうやって相談してくるんだろうけど。

上野　**家族であっても、顔を合わせずに済むなら上等ですよ。**

樋口　でも、このご相談の場合は絶対的に親の負けね。だって、先に死ぬんだから。それならどうして二世帯住宅を建てる前に財産分与をして、自分ひとりで住まないのか、ですよ。なかなかそうはできないものだけれど。

上野　その母親は子どもに対する依存心が捨てられないんじゃないですか？　やっぱり長男が可愛いんですよ。だから二世帯住宅をつくったものの、嫁とはうまくいかないと。隣にいる息子夫婦とはいっさいつきあわない、いざというときに出入りして介護してくれるのは遠く離れた娘だったりする。そういう家族っていっぱいあるみたいですよ。

樋口　二世帯住宅での息子一家との同居は難しい。

上野　ですね。かつて自分が果たした嫁の役割と同じようなことを、次の世代の女もしてくれると期待していたわけでしょう？　それが一世代で、大きく嫁が変わったんです。それだけでなく、息子が嫁姑の間で母サイドについたら、夫婦関係は破綻しますよね。

だから、息子が母親につかない分、息子も一世代で変わってしまった。そのことは、よかったと思いますが。

樋口 そうね。ひと昔前だったら母親についてましたね。

上野 わが家がそうでした。両親がうまくいかない原因の一つが気の強い姑の存在でした。加えて、父親がマザコン息子でしたから、妻と母が対立すると父親は決まって母につくんです。夫としては最低ですよね。そんな最低の父親の姿を私も兄も弟もじっと見ていました。そこから息子二人は、こういうときは妻につかなきゃいけないと学習したんです。

その結果、歳月を経て二人の息子が結婚した後、今度は母の愚痴が私に来ました。「私は不幸だ。夫には母につかれ、息子には嫁につかれ、私の側についてくれる人は誰もいない」って。「まあまあ、お母さん。それで息子たちの夫婦関係が保てているんだから、何よりじゃないの」と言ってなだめるのが、私の役割でした。親の世代を見て、学習効果はあったんです。

介護のやめどき

上野　**家族を介護するのをやめるとき、それはすなわち親を施設に放り込んだときですね。**

樋口　私はそういうふうには思えないのよ。施設に入れても介護は続くと思う。中身は違っても。

上野　施設に訪ねに行くのも介護といえばそうですが、そんなことを言ったって、目の前に相手がいるのといないのとでは大きな違いです。施設に入れてからもせっせと面会に通う人もいるけど、それを介護と言ってもらっちゃ困ると私は思います。金は出しても、手も足も出さないで済みますから。とはいえ、施設入居を否定しているわけではありません。家族は介護のやめどきを選ぶ権利があると思うので。

樋口　小堀鴎一郎《おういちろう》さん（医師／一九三八年〜）のことを描いた『人生をしまう時間《とき》』（監督・下村幸子／製作・日本放送協会／二〇一九年）というドキュメンタリー映画の中に、施設に入ることになった一〇三歳のお母さんが登場していたんです。映画の中にはそれまで家でお世話をしてきた息子の妻もちらりと映っているんだけど、それが能面のような感じなの。でも、一方の一〇三歳のお母さんは、きちっとした存在感がある人なわけ。そのお母さんが、「私がいなくなればみんなが幸せになれるから」ということを言うんだけど、そのとき、小堀さんが「それを言える一〇三歳は、あなたしかいませんよ」といって励ますのね。

自責の念がある一〇三歳は憐《あわ》れだとは思うけれど、能面のような顔になっちゃった七〇代の妻は、おそらく二〇代前半で嫁いで以来、半世紀ほどの間、ずっと姑のそばで嫁をしてきたと思うわけ。その中でたぶん二、三人の子どもを育てあげて、いつ夫と二人だけの穏やかな老後が来るんだろうと思っていたら、一〇三歳の姑がまだ元気に生きている。それで追い出すような形かもしれないけれど施設に入れることになったと。それはお母さんにしたら憐れだけど、私は嫁を責めることもできないと思う。

上野　こういう場合は、どうすればいいんですか?

私だったら、一〇三歳のお母さんを長年住み慣れた家から追い出すくらいなら、息子夫婦が家を出て、お母さんと世帯分離すればいいと思います。若いほうがどこかにマンションを借りるとかして。どうして、そういう選択をしないのか、理解できません。

樋口　おそらく、家の名義が息子になっているんでしょうね。

上野　たぶん、家の名義は母親ですよ。妻の相続分は優遇されていますから。老母が自分名義の家から追い出されるんですよ。その七〇代の妻が「二人で家を出よう」と、夫に迫ればいいじゃないですか。これまで夫が妻に耐えさせてきたわけですから。

樋口　置き去りにするのと、施設に入れるのと、どっちがむごいのか。

上野　置き去りのほうが、まだマシです。だって、息子夫婦が出て行ったからといって、家族じゃなくなるわけじゃないし、もしマザコンの息子ならせっせとお母さんのもとに通えばいいんです。

樋口　それだと、お母さんとしては環境が変わらないですからね。でも、考えようによっては、置き去りにするほうがむごいわよ。

上野　それは近所の目があるからです。私は住み慣れた家から、まったく見も知らない施設にその年齢で出すほうがむごいと思う。本人に選ばせたらほぼ百パーセント、自分の家にいたいというと思いますよ。

樋口　今のところ、**年老いた者が出ていくのが主流ですよね。自分たちが出るという発想が**

ないと思う。それに、親を出すほうがお金もかからないし。

上野　一〇三歳で自分の家を出なきゃいけないお母さんがかわいそうです。

樋口　それにしても、親になるってことは覚悟がいるわね。百歳で置き去りというのも……。SDGs（Sustainable Development Goals：持続可能な開発目標）は、誰ひとりとして置き去りにしない社会をというけれど。

上野　自宅でひとりでいるほうが、能面のような嫁の顔を見ずに済むだけ、お母さんの精神衛生上はいいかもしれませんよ。

　私のところに相談に来てくれたら、そう言うのに。追い出されるか、置き去りか二択ならそりゃあ置き去りのほうがマシ。お年寄りが「家にいたい」と言うのと、「家族と一緒にいたい」というのは、別なことだと私は確信しています。私は圧倒的に年寄りの味方です。

樋口　家によってはすでに長男にすべて名義を移している場合もありますよ。

上野　相続の二分の一は妻、つまり、お母さんにありますから、分割したほうが相続税だって安くなります。それに、年をとっても財産は自分で握っておくに限ります。

樋口　そうね。自分も取り分があるんだから、ちゃんと頂戴と言わなきゃダメね。

上野　結局、子どもが家を手放したくないという欲でしょう。自分たちがそこにいる生活を手放したくない。だから、お母さんを追い出すんです。いずれ母親が死んだら、母親名義の家は自分のものになるのにね。

樋口　だから私は、老人ホームには、行きたくなるような場所になってほしいわけ。

上野　だから私は、最期まで家で、と言ってるんです。

樋口　だから有料老人ホームがハッピーランドの一つになってほしい。

上野　親が出ていく理由は何にもありません。家に居座りましょう。

樋口　居座っても幸せの保証はない。ここは対立のままでいきましょう（笑）。

恵子の知恵袋

資産管理のしまい方

体が弱って子どもと同居するような場合、権利書、預金通帳、年金証書などすべて渡して息子や嫁に管理を委ねる親がいます。子どもの側は気持ちがすっきりするかもしれませんが、一定の自己管理の資産は持っていたほうがいいと思います。相続だってこれからです。遺言書は日付の新しいほうが、ほかに不備のない限り有効です。

とくに一代で築き上げた財産のゆくえについては、できるだけ最期まで自己決定権を保有したほうが高齢者の立場は断然強い。

こんなせりふを聞きました。

「少年よ、大志を抱け」

「中年男子よ妻子を抱け」

「老年よ財布を抱け」

賛成ですね。

第二章

人間関係のやめどき

クラス会のやめどき

上野　**親戚づきあい、近所づきあい、クラス会、法事……。私、全部やってません！　社会活動以外は、そっくりやめています。**皆さん、年をとってもやってるんですか？

樋口　私は、高校のクラス会に、ついこの間参加しました。でも、八七歳ともなりますと、ひとりで出てこられない人がかなり増えるの。全員揃うと一二〇人のクラス会なんですが、結果として集まったのは四〇人弱。そのうち一人は、車いすに座って、家族の付き添い付きでした。でも、担任の先生が百歳で一番お元気なの。だから、あっさりやめるのではなくて、名簿で管理するという形で続ける予定のようです。ただ、集まるのはもう八〇代後半が最後のような気がしますね。

上野　クラス会って、いったい何が面白いんですか？　顔を見ても名前も思い出せないでしょう？

樋口　うん、わからない人がいっぱいいる。

上野　でしょう？　そういうところに行って、何が面白いんですかね？

樋口　何となくまわりの親しい人へのつきあいですなあ。

上野　義理ですか？

樋口　義理ではなくて、一所懸命やってくれる人の中にはかなり親しい人がいるから——ということは、やっぱり義理ね。でも、それぞれの消息を聞くのがまた楽しいのよ。上野さんは高校のクラス会にも行かないの？

上野　いっさい、行きません。興味ないんで。高校や中学で一緒だったという人が近づいてきても、その人は長らく私とかかわりがなかった人ですから今さら寄ってこられても……。でも、クラス会って好きな人は好きですね。ほんとに何が楽しいんだろう。

樋口　あえていえば、**八〇代後半って、生活の彩りが何もなくなっちゃってるわけです。そんな中で何かあるというのが面白いのですよ。そんな人生後半の彩りになっていた集会が、幕を下ろしていくのは寂しいといえば寂しいわね。**

悪口、恨みつらみのやめどき

上野　和解したいとか謝罪したいとかいう相手はいます？

樋口　謝りたい人？　あまりいないわね。ほんとは、謝らせたいのはいるけど。でも、もういいの。それは許すことにしたの。もう、みんな好き、と自分に言い聞かせてます。

上野　あ、そう。そんなに恨みがある？

樋口　私はこんなふうだから、比較的、陽気に誰とでもおつきあいしているように見えるけれど、見かけより傷つきやすいヤワな魂の持ち主です。だから、ちょっと言われたこととか悪口というのを鮮明に覚えていて、それに利息をつけて膨らませていってるわけですよ。まあ、恨みつらみの感情が生きるエネルギーになっているような人もいるから、それが一概に悪いとは申しませんけれど、ずっと自分の中に抱えていると性格も暗くなるし、身の処し方も重くなるでしょう？　だから、一時的に丸めて棚上げしておこうと、あるとき決めたの。そのうちに忘れることもあれば、向こうが先に死ぬこともあるわけで。それでも許せなかったら、死んだ後で化けて出る（笑）。

上野　はははは。

樋口　結構、楽しいわよ。あとで化けるから「あと化け一号」、「あと化け二号」って、相手に順位をつけているの。そう言ってるうちに向こうが死んじゃったりして時々順位が変わったり、そのうちにそんなに恨まなくてもいいやって気持ちになったりもして。**あとで化けることに決めたことで、本当に気が楽になりました。**それに情勢が変わると、あと化けの相手がニコニコして再び寄ってくるようなことも起こるわけ。そのときになって、ああ、あのとき怒鳴らなくて本当によかったと心から思うんです。そんなことを感じたのが、二〇〇三年に立候補した東京都知事選ですわね（編注・当時、石原慎太郎現職都知事の圧倒的優勢の中、女性や民主的な勢力の声を上げるべく敢然と闘いに挑んだ）。あのときの立候補は、私の人生最大の失策であったかもしれないし――。

上野　失策とおっしゃるの？

樋口　いやいや、失策かもしれないし、そうではないかもしれないし、いろんな見方があって私自身あまり整理がついていないんですけどね。だけど、選挙に出てつくづく思ったのは、世の中には本当にすぐに腹を立てて人を恨む人が結構いるということ。私も昔はそれに近い性格だったかもしれないけれど、都知事選で本当に変わっちゃった。というのは、許すまじと思っていた、あと化け一号や二号や三号が、負け戦覚悟の私にとても協力的だったのですよ。つまり人との関係って、いつどこでその人の世話になるかわからない。それにそもそもの腹立ちの原因も、よく考えれば自分の一生の節操にかかわることでも何でもない。そこから、たいていのことは聞き流すテクニックが身につきました。勝手にハラを立てるのは自分の未熟さから出ています。

社会的な恨みは記録したい

上野　私も、わりと傷つきやすいんですよ。だけど、その一方で物忘れがすごく激しいから、そういう人に会っても、昔、この人になんかひどいことされた気がするけど、あれ、なんだっけ？　と思い出せない（笑）。

樋口　素晴らしい美徳ね。忘れっぽい、**健忘症っていうのは美徳ですよ。**

上野　おかげさまで、自分の恥ずかしい過去も忘れられます（笑）。私は若気の至りで人に謝らなきゃいけない悪いことをいっぱいやってきましたから、人に謝らせるなんて恐ろしいことはできません。

樋口　先日、田中美津さん（鍼灸師・ウーマンリブ運動の先駆者／一九四三年〜）と話していて、彼女が「長生きも芸のうち」って言うの。どういうことかというと、自分がもし死んだら、誰がどんな悪口を言うか、だいたいわかると。だから、悪口を言いそうな人よりも長生きして死のうって。それが彼女の言う「芸」。その反面、**誰が何を言うか、実際のところをあの世から観察したい思いもありますけどね。**

上野　私は、安倍首相の批判は記しておきたいなあ。

樋口　それは個人的な恨みではなくて、社会的な恨みですね。

上野　そう。社会的な恨みです。向こうさまは何とも思っていらっしゃらないでしょうが。偉くなった人の宿命です。

樋口　それを本で書くのはいいですが、そのために使うエネルギーを考えると、つまらない人間のために自分の貴重な時間を奪われてたまるかと思いません？

上野　まさか一冊使うわけじゃなし。ただ私の世代で女性運動に加わっていた人は、男女共同参画社会基本法の内容にまで干渉してきた政権政党の一部のバックラッシュ（ジェンダー運動の流れに反対する運動・精力）は忘れられません。上野さんもよく闘われました。公共図書館からジェンダー論が締め出されようとしたあの動きです。私が自伝をまとめることができるとしたら、一章をさきたいと思います。原ひろ子さん（文化人類学者／一九三四〜二〇一九年）とか堂本暁子さん（政治家／一九三二年〜）とか岩男寿美子さん（心理学者／一九三五〜二〇一八年）とか、そのあたりの女たちが集まっては協議した内容をね。

上野　樋口さんのところには、回想録を書いてくれという依頼がもう来てるでしょう。

樋口　ある出版社が一〇年くらい前に。女性で自伝を頼んでいるのは樋口さんだけですよなんておだててくださいました。まだとっても書けないわ。

上野　まだ「老後」になっていないからですよ（笑）。

樋口　オッホッホ！（笑）。

お見舞いのやめどき

上野　死期が近づいている方のお見舞いについてはどう思われますか？

樋口　実は、小学校から大学まで一緒だった同級生がいるんです。彼女はマスメディアに勤めていたんですが、私より少し早くにヨタヘロになってしまって。息子さんによると、今は施設か病院かでほぼ一日中寝たきりで過ごしているらしいの。となると、お見舞いに行くなら今しかないでしょう？

ただ、お見舞いって絶対的に〝上から目線〟なのね。若いときは回復するという見込みがあるけれど、年寄りになるとそうはいかないし。すると、見舞いに来る者が上位で、見舞われる者はどうしても下位になる。本当に、目線と同じよ。見舞われる側がどういう気持ちなんだろうと思うと、ちょっと躊躇《ちゅうちょ》しちゃうのね。だから、**まずは行っていいかという手紙を本人と息子さんとに出そうと思ってます。**それでいいと言われたら、私の気持ちとしては、六歳のときからずっと一緒だった彼女に一言お礼が言いたいの。体が小さくてデキるのが彼女、大きくてデキるのが私。手を取り合って同じ高校に行って、手を取り合って同じ大学へ行って。就職先と結婚相手は違ったけれど、私が若くして夫を亡くしたときは本当に毎晩やってきて慰めてくれたし、私が出版社から大きなテーマを与えられたときは彼女を呼んで、「こんなテーマをもらったんだけど、これに対してどういう反論があるかしら」とよく話し合ったものです。そのとき、私は保守的な側に立って、彼女はおとなしいんだけれど新しい考えを持っているから革新的な立場で発言をするの。そんなやりとりを一晩か二晩続けて、その問答をもとに『婦人公論』などの原稿を書き続けたわけ。

上野　その話は初めて聞きました。すごい！　樋口さんの知恵袋ですね。

樋口　最終的な原稿はもちろん私の考えで書くんだけれど、常に批判勢力と対抗することで、こちらの知的闘争力も上がるわけですよ。それでいい原稿だと言われて、私はだんだん世の中に出ることができたんです。だから、彼女は世の中に出たいと焦っていた三〇代の私の支えになってくれた人なの。でも、彼女は幸せなはずなのに、ウツにもなってガリガリに痩せてしまって。そんな友人だから、私としては一言お礼が言いたいわけだけど、言われる立場の人だったら、それが嬉しいことなのかどうか。

上野　そのお礼は、直接会って言わなきゃいけないものですか？　お手紙ではなくて。

樋口　会ってくれるかと手紙で聞いて、会いたくないと言われれば、手紙でお礼を書こうかと思ってます。

　ただ今思うと、私と問答していた三〇代の彼女にも事情があって、姑さんのいる家に帰りたくなかったんだと思うの。姑さんは彼女の仕事や活動をまったく知らなかったから。その点、私は二番目の夫と一緒になる前だったから亭主もいないし、母も客好きだからもてなすし、深夜までいても誰も文句を言わないわけですよ。だから、彼女にとっても都合がよかったんだと思う。でも、結果として当時から私がかかわっていた「日本婦人問題懇話会」にも入会して、会報の中で、私との問答をもとに彼女も連載を持ったりして。家庭科男女共修運動も一緒にしました。

上野　同志ですね。

樋口　そう、同志です。だから、姑を避ける方便であろうとあるまいと、「私はあなたのおかげで世の中に出られました。そのこと心から感謝していますと」と言いたいんですよ。

上野　まだ言ったこと、ないんですか？

樋口　言いませんよ、そんなこと。バカバカしい（笑）。

上野　なんで、なんで？　私は相手が元気なうちに言っておこうと思って、最近、いろんな人にいっぱい感謝を伝えていますよ。あなたにあのときこんなことをしてもらったのがとっても嬉しかったとか、あなたのこんなところが大好きとか。今おっしゃったようなことを考えておられるなら、絶対に思い残しのないように早めに伝えておいたほうがいいと思う。

樋口　そうかしらね。

上野　手紙を書いた後でまた会えたなら、何回お礼を言ったって、いいじゃないですか。一回ぽっきりとか、ケチなことを言わないで。ぜひ、そうしてください。

樋口　じゃあ、まずは手紙を書くか。

社会活動のやめどき

上野　何といっても、樋口さんが代表を務めておられるNPO法人「高齢社会をよくする女性の会」理事長のやめどき、おりどきをどう考えておられるのか、すごく興味があります。

樋口　どうしよう、上野さん。

上野　私に聞かないでください（笑）。私は、樋口おネエさまの背中を見ながら、自分の引きどきをいつも考えているんですから。

樋口　この会をこの先どう収拾させたらいいかについて、トップ四役で話をすると、私以外の人たちに「樋口さんのお心任せ」と言われてしまうわけ。確かに、これまで会を引っ張ってきたのは私が中心かもしれないし、会の拠点となる場所を提供したのも私だけれど。もともと私より十歳年上の人たちが千人以上集まって始まった会だから、最近は高齢化が著しくて、死亡や施設入居で退会者が相次いでいるんです。それでもアンケートをとると「この超高齢社会において唯一の女性団体の灯を消さないでください」という声をたくさんいただいたりするので、どうしたものかと。

上野　お心に任せますと言われたということは、樋口さんの胸先三寸ということでしょうか。

樋口　私個人としては存続のために理事も大幅に入れ替えて、叶《かな》うことなら上野さんにも入ってもらって、なんて思ってもいたけれど、コロナ禍で理事会さえ思うように開けません。それでみんなに賛同をとって、人事は二年延長することにしたの。ですから、今年と来年の間にいい結論を出したいと思っています。

上野　これまで、ご自分の退きどきを考えたことはあります？

樋口　**一度もないですね。**

上野　あ、そう。まったくないと言われると――すみません。立ち入ったことをお聞きしますが、人材難ですか？

樋口　今の副理事長と事務局長は有能な人で、気持ちのいい人たちですよ。彼女たちはこの会の幹部として最適任と思っています。でも、私と年齢がいくつも違わないのよ。

あとは、もう一つ経済的な問題があって。これまでは新宿にある事務所を私が提供してきたんですが、今後は会を引き継いでくれる人、ないしは団体に場所を譲っていこうかと――。

上野　事務所って樋口さん個人のものなんですか？

樋口　そう。ただ、今回の新型コロナのようなことがあると、その考えもちょっと変わりますね。コロナ以前にはたくさんあった講演会や講座がすべてなくなって、収入が途絶えることがどういうことか、よくわかりました。世の中、何があるかわからないから、場所を譲る計画はちょっと先延ばしにしようかなと、今思い始めています。

上野　私どもの「WAN（編注・上野千鶴子が理事長を務める、認定特定非営利活動法人「ウィメンズアクションネットワーク」の略）」は、オフィスすらありません。理事長の自宅の一部がオフィスです。

樋口　私が運動の最初の言い出しっぺになってみて思うのは、場所というものの大切さね。

上野　わかります。ですが、私たちには維持できません。

樋口　だから、私が働き盛りの稼ぎを投じて、あの場所があるということが、「高齢者社会をよくする女性の会」が継続できた大きな要因だと思う。それをみんなもわかってくれているから、私の意見を尊重してくれました。しかし、一人でできないのが運動です。公開の討論、合議制、地方グループの活動がこの会を支えてきました。だけど、物事にはすべてやめどきがありますから、どうやってやめたらいいのかと。

上野　それを興味津々で見ているんです。どうなさるのかなと思って。

樋口　上野さんが引き継いでくださいますか。

上野　何をおっしゃいます。私はすでに十分に重荷を背負っていますから無理です。これから次の世代の人材を育てては？

樋口　学者や運動家としてバランスのとれた優秀な人はいても、今はジェンダー論も含めてみんな細分化しちゃっていて。それに大学のポストがそれなりにできたから、優秀な女性は学内で偉くなっていきますから難しいですね。

上野　でも、彼女たちにも定年がありますよ。

樋口　そう。だから、あるとすれば五〇代以上の学者でＮＰＯ活動にも欲のあるような人を探すしかない。

上野　私、最近考えを変えたんです。おっしゃったように、今の世の中、なんだかんだ言っても女の人たちが活躍するポジションができたから、ちょっと気のきいた才能のある人はとっくにそれなりのポジションについて稼いでいるんです。そんなふうに稼ぐ仕事をしている人に、タダ働きでボランティアをやってくれとは頼みにくい。

上野　だから、社会運動は面白くなきゃいけないと思っているの。

樋口　もちろん、その通りです。ただ若い世代に頼みづらい分、**六五歳で定年退職した人は、その後一〇年は元気ですから、退職者に活躍してもらおうと思って**。使えるのは、退職した元編集者。編集者は異業種を束ねてマネージメントをやる能力がありますから。

上野　うちが今一番欲しいのは、不利な状況にある女性の観点から活動をリードし、社会にも政府にも発言できる人材です。

樋口　私を指名してください。きっと政府が嫌がるから（笑）。

上野　これも差別なんですが、審議会委員は七〇歳定年という緩やかな内規があるの。

樋口　高齢社会について論じるんでしょう？　当事者が入らなくてどうするんですか。

上野　本当にその通り。二〇〇八年に後期高齢者医療制度ができるとき、介護保険以来、久しぶりに国会の前で演説したんだけれど、後期高齢者医療制度は七五歳以上が対象だというのに、その審議には七五歳以上の人がほとんどひとりもかかわっていなかったんですよ。

上野　おかしいですよ。

樋口　後にできた医療保険部会では七五歳以上の男女をひとりずつ指名して、そのうちのひとりが私だったの。

上野　ということは、運用規則を変えられるということですね。

樋口　そう。だから、本当にすべきことはたくさんあるわけ。

上野　まとめると、**樋口さんの社会活動のやめどきは、倒れるまで。**私は自分がＮＰＯの理事長を引き受けたときから最大のミッションは後継者養成だと思ってきましたから、いつ退くかばかり、ずーっと考えています。

樋口　私は後継者養成というのは、ある意味で少し不遜だと思う。あとを継いだ人が勝手にやればいいことですから。

上野　それはそうなんです。あるベンチャー企業の創業者と話していたとき、「自分の退きどきについて、どうお考えになりますか?」と尋ねたら、「僕はそんなこと考えたこともない」と。「やめるときは倒れるとき。倒れたあとは、残った連中が勝手にやってくれるから」とおっしゃっていました。

樋口　同感ね。上野さんもそれでいいじゃありませんか。

上野　とはいいながら、あまり長期政権になるのもよくないと私は思うので……。

樋口　長期政権への批判はわかりますが、高齢社会というのは少し前に始まったばかりで、現に私は八〇代半ばにして、フレイル（健常から要介護へ移行する中間の段階期間）というべきかヨタヘロというべきか、力の弱った高齢者層が量的にも質的にも高齢者の過半を占める現実に新たに直面しています。今まで見えなかったこの層の社会参加、ケアの質と量、家族に代替する信用供与の方法など、初めての問題が山積しているんです。

会員のやめどきは？

上野　いろんなサークルやファンクラブ、活動団体の会員更新時期って、だいたい四月でしょう？　それが何十ともなると、けっこう金額が積み重なって、毎年かなりまとまった額が出ていきます。実際には会費会員だけで、ほとんど活動らしい活動はしていないものもあるんですけど、税金だと思って会費を払っています。

樋口　私もそういう会に、ずいぶん入っていますよ。

上野　私もずいぶん入っていますが、これは市民として支払う税金であって、自分が使ってほしい人たちに出しているお金だと思って会費を払っています。だから、自分に負担能力がある間は払い続けます。なかには遠方だったりして、その団体の活動に参加できないような会もあるので、「やめさせていただけませんか」と言ったこともあるんですけど、「わずか数十人の会員名簿に上野さんの名前があるだけで励みになるんです」とか言われると、やめられません（笑）。

樋口　やめられないわよね。うちにも、長いこと仕事をしてきたというだけで、いろんな郵便物がくるんです。その数たるや、ちょっとしたオフィスよりも多いんじゃないかしら。手書きの郵便なんか、そのうちの、たった一通か二通で。

上野　うちと同じです。

樋口　パートナーが死んだあと、彼もいろんな学会やサークルに入っていたから、それらの団体から定期刊行物が来るたびに、はがきを何通も書いたものですよ。《本人は亡くなりました。長い間、お送りくださってありがとうございました》って。

上野　印刷しなかったんですか？　ワープロで書いてプリンターで印刷すれば楽なのに。

樋口　それよりも手で書くほうが楽なの。でも、この先、もう少し、自分の死に支度がスピードアップしたら、定期刊行物を送ってくれている先のリストをつくって、娘か姪にワープロの文書にしてもらおうと思います。**《長きにわたって御社の資料をお送りくださいまして、誠にありがとうございました。大変役に立ちました。でも私つい最近、亡くなりましたので》、って。**

上野　亡くなりましたって過去形で（笑）。死ぬ前じゃなくて、死んでから自分の名前で出すんですね。それはいい。

会葬のやめどき

上野　冠婚葬祭で親戚づきあいが濃密だと、年とってから思わぬ出費が老後の家計を圧迫するという話をよく聞きますね。

樋口　それは本当に大きいですね。

新聞の投書なんかを見ていると「振る舞いじまい」という言葉があるんですってね。これまで子どもや孫たちを集めて料理を振る舞っていたのが、体力的にも経済的にも難しくなって、これで終わりにしたいと思って親のほうから、お前たちが遊びに来てくれるのは大歓迎だけれど、お母さんが手をかけてお振る舞いをするのはもうこれで最後だということを大変な勇気を持って言った、なんていう投書を読んだことがありますよ。

上野　子どもにはあらかじめそう言えても、知人、友人が死ぬのは突然ですよね。そのときのお香典が予期せぬ出費という話は、よく聞きます。

そういう中で私が感心したのが、社会学者の鶴見和子さん（社会学者／一九一八～二〇〇六年）です。私、彼女とは仲がよくて、世間知らずのお嬢オバサンだからって、ずっと「オジョンバ」って呼んでたの（笑）。彼女は彼女で私のことを「チンピラ」って呼んでました。エラそうになるなという戒めのコトバとして、いただいています。オジョンバは寝たきりのお父様（政治家の鶴見祐輔）を最期まで一四年間介護されていたのね。あるとき食事をご一緒する約束をしていたレストランにオジョンバがちょっと遅れて、息せき切って入って来られたことがあって。聞くと、亡くなったお父様の知り合いだった方のお葬式に行ってきたとおっしゃるの。そして、「今日でようやく義理を全部果たしました」って。つまり、亡くなったお父様のご友人だった方たちのご葬儀に、お父様が亡くなった後、全部行っておられたんです。私はその話を聞いて、本当に感じ入って、この人を二度とオジョンバと呼ぶまいと誓いました。私自身はまったく義理堅くないんですが、義理堅い方に対する尊敬の念はものすごくあります。

樋口　私もそうです。体力もヘロヘロだから義理堅くなんてとてもできないけれど、それをちゃんとやる人を笑ったりは絶対にしない。特に、自分が死に目に近づいているせいか、義理堅い人への敬意は年々強くなってますね。

上野　私はこれまで、冠婚葬祭のうち「冠婚」はほとんど遠慮してきましたが、「葬」だけはその方とお別れがしたいと思って、都合がつく限り行くようにしていました。でも、年齢とともに痛感するのが、その方のご遺族は私と何の縁もゆかりもない人たちなんだということ。家族ぐるみのつきあいなんてほぼしていないので、その方とは親しくても、ご遺族とは初対面。そもそもご家族がいたの？　みたいな関係なので、お葬式に行っても知らない人ばかりで、思い出話もできません。

樋口　これは実話ですけれど、葬儀場って一日に一〇組くらい同じ時間にお葬式をやるでしょう？　女学生時代の友人が亡くなったので行ったものの、彼女の旧姓は覚えているんだけれど、新姓を忘れちゃっていて。せめて写真で見つけようと思ったんだけど、今の写真なものだから、ついにわからずに帰ってきた、という話があります（笑）。

上野　だから私は最近、**「葬」に行くのもやめました**。でも、尊敬していたり、好きだったりした人には、自分なりにさよならを伝えないと、けじめがつかない。それで、京都にある山野草で盛花をつくるお店にお願いして、四十九日が過ぎた頃にお届けしてもらっています。お葬式のときはお花が山のように来ますから、それがなくなる頃を見計らって、お花を贈るんです。それでさよならを言った気分になるという、私ひとりの「別れの儀式」ですね。

樋口 私は親しい人が亡くなると本当に悲しくて、できるだけお葬式にも追悼会にも行きますが、体力がそろそろ限界ね。あと一年くらいのうちに死んでくれたら行くけれど。あと二年たったら体がもたないという予感があると。つまり、**会葬のやめどきは体力に決めてもらう**、ということですね。

上野

お墓のやめどき

上野　樋口さんご自身は、樋口家の墓に入るんですか？

樋口　いやいや、私の実家である柴田家の墓ね。最初の夫の生家の樋口家というのは長野県の旧家で、その子孫は長野県中に散らばっているの。過去帳によると、平家の落人、樋口次郎某《なにがし》を先祖に、子孫は何百人もいると。

上野　そういうのは、だいたい経歴詐称だな（笑）。江戸時代には系図が売り買いされていたそうです。

樋口　その子孫のうち、樋口本家と別の二家の名門三家だけが入れる、山二つを使った墓地が長野の松本にあるんですよ。その山のまわりにずらーっと鉄の柵がめぐらされていて、鉄の門をくぐるには、三家の元締めだけが持っている鍵で開けないといけない。入ると、山の中腹あたりに夫の敦と、その両親の墓があるんです。

上野　じゃあ、二番目の夫はご自分の家の墓に入っているの？

樋口　彼は、自分の手で先祖代々の墓じまいしたの。だけど、自分の骨を置いていっちゃった。だから、手元葬で持っていますよ。

上野　今でも？

樋口　そう。分骨して新しい考え方の合同墓に八分の一は収めてありますけど、残りは持ってます。

上野　それ、どうするんですか？

樋口　それが、これからの私の最後の仕事の一つね。コロナ騒動で動きづらいんですけど、**これから後の夫と私が一緒に入れて、子どもに負担にならない方法を考えます。私の最後の終活です。**彼は私に口癖のように、「俺は自分の家のことは全部始末したから、おめえさんに迷惑をかけることなんか何もねえからな」って言ってたのに、自分のことを忘れて先に死んじゃった。後始末はどうするのよと(笑)。

上野　遺書は書いておられなかったんですか？　骨はどこにとか。

樋口　自分の骨のことを、すっかり忘れちゃっていたようですね。本人も私も。

上野　じゃあ、樋口さんはお墓を含めて終活が大仕事になるわけだ。何のこだわりもない私からすると、何て面倒なことをと思いますけど。

樋口　放っておけば、あとの人が困りますからね。

パートナーの骨が八分の一納まっている合同墓は、東洋大の学長だった故・磯村英一先生のお弟子さんが関係しているお寺が母体で、宗教とか血のつながりに関係なく入れるの。ただ、入りたい人がいっぱいいるものだから、八分の一しかお骨を受け取ってくれないけれど。

上野　八分の一ってどこから出てきた数字なのか、よくわからないなあ。でも、面白いと思うのは、体は分けられないけど骨は分けられますから、何人もの男性とつきあっても、それぞれのところに何分の一ずつ入ることができますね（笑）。

おひとりさまの墓事情

樋口　上野さんは、お墓どうするの？

上野　実家の墓が遠いので、兄が少し前に墓を移転したんです。それで新しく墓開きをして。でも、そのとき私にいっさいの金銭的負担を要求しませんでした。だから、お前はお前で考えるようにということかと。そのことをあるエッセイに書いたら、兄が何かの拍子にそれを読んで、「俺はこんなことは言ってない。お前も入れてやる」と言ってくれましたけど（笑）。でも、私はお墓に興味がないので。

樋口　入れてくれるって言うなら、そこに入ったほうがいいわよ。

上野　ただ、そんな見知らぬ墓に自分の骨があるというのもあまり気持ちよくないし、**私は遺書に「散骨してください」と書いてあります。もちろん、散骨場所も指定してあります。**時々、沖縄の美ら《ちゅ》海に散骨をとか依頼する人がいるけど、そんな面倒なことは頼みません。近場でオーケーです。

樋口　樋口さんは、パートナーの遺骨を散骨するのは忍びないですか？

上野　結構、面倒くさいらしいし、こちらの体力が衰えているし。

樋口　簡単ですよ。行った先で海とか山に少しずつ撒《ま》けば済みますから。散骨許可を得るとか、ややこしく考えなきゃいいんです。

上野　そういえば、加納実紀代さん（女性史研究家／一九四〇～二〇一九年）、お亡くなりになりましたね。彼女は加納家のお墓の一角に夫と自分の名前から一文字ずつとって、「信実」という墓碑銘をつくられたそうです。死後も夫とともにって、家族の墓じゃなく夫婦の墓をつくられた。それが私にはわからない。よっぽど愛し合っていたのかもしれないけど、そんな二人だけの墓碑銘をつくったら子どもは入れないし、死後まで一緒にいたいのかなあって。

樋口　ちなみに、上野さんは散骨場所としてどこがご希望？

上野　京都の大文字山の「大」の字に点を打つと「犬」という字になる場所があるんです。そこに私の死んだペット（愛鳥）を埋めました。だから、自分の灰もそこに撒いてほしいですね。散骨に関しては昔から友達に頼んであって、そのくらいならやってもらえると思います。**遺書も数年に一度バージョンを変えてます。人間関係も変わるし、男も変わりますから（笑）。**

法事はどうする？

上野　私の実家は金沢ですが、最近、葬式関係で驚くべきことがありました。知人が亡くなると、その家はうちの葬式のときに香典をいくら出してくれた、ということを記した過去帳が出てくるんです。何年前でもちゃんと記載されていて。だからそのときの香典の額に見合った香典を送ろうと。びっくり仰天でした。

樋口　それが石川、富山、新潟あたりの特徴ですよ。よくぞ、そんな封建的な地域から上野さんが出てきたものだ。

上野　だから、私は逃げてきたんですってば。

樋口　私の友だちに富山の名士の息子さんがいるんですが、彼も、地元のお年寄りが亡くなると、曽祖父が亡くなったときの三〇年前の記録から香典の額を調べて、今の相場に換算して持参する金額を決めるって言ってましたっけ。

上野　それって北陸だけですか？　名古屋にはそういう過去帳はないの？

樋口　名古屋は嫁入りが派手なの。私は兄と二人きょうだいですけど、名古屋出身の父は兄のことを「坊」と呼んでいて、「坊の嫁は名古屋からもらう」と言っていたわね。

上野　さすが、名古屋ナショナリズム。

樋口　違うわよ、嫁入り支度が豪華だから。

上野　そういうことか。

年忌は？　**年忌のやめどきって昔は五〇年忌といわれましたけど、今はそこまでやる家族は、いないですよね。三〇年忌もやらない。**

樋口　**でもうちは、お寺が言ってきたから母の五〇年忌を少し前にやりましたよ。**

上野　ひえー、寺が言ってくるなんて管理が行き届いていますね。檀家《だんか》ですか？

樋口　檀家というか、うちの墓があるお寺が都内にあるんですが、そこが言ってくるの。そんなときに「やりません」と言うのもちょっと勇気がいるので、「じゃあ致します。何月何日に知り合いの者が何人かまいりますのでよろしくお願いします」と言って、若干のお布施を包んで渡して。

上野　樋口さんの年忌は、娘さんがするんですか？

樋口　絶対、やりっこないから大丈夫（笑）。一年忌も三年忌も何もいらない。お墓の始末だけしてくれれば、それでいいです。娘自身は、「私は猫と一緒に樹木葬でいい」って言ってます。一代過ぎたらお墓の風景はかなり変わるでしょうね。

第三章

社会のおりどき

仕事のやめどき

上野　雇用という働き方には否も応もなく定年制があって、ある日、どんなに愛している職場でも「明日からお前は来なくていい」と言われるわけですよね。定年は今六五歳ですが、六五歳ってまだ十分元気。一方、私とか樋口さんのような独立自営業者には定年がありません。フリーランスで単発の仕事を受注する働き方を「ギグ・エコノミー」と言いますが、それがこれから先の新しい働き方であり、情報化社会で増えていくと言われています。今回のコロナ禍のもとの在宅勤務でも、やってみればできるじゃん、ということがわかってきて、今、なんで毎日会社に行かなきゃいけないの？　通勤ラッシュをガマンしなくちゃいけないの？　という気分が生まれました。そうなると、人材として使えるうちは定年もなくなっていくんじゃないかと。じゃあ、今度はそういう人にとって仕事のやめどきっていつなのか、という新しい問いが出てくると思います。

樋口　**フリーランスなんてつくづく、注文がこなくなったときがやめどきなんじゃないですか？　自分で選べないですもの。**

上野　今の言葉で思い出したのが、橋田壽賀子さん（脚本家／一九二五年〜）のことです。以前、橋田さんは「認知症になったり体が動かなくなったりしたら、安楽死したい」と発言して物議を醸しましたよね。その理由としては、そんな状態になって仕事の注文がいっさいこなくなると、自分のやっていることに社会的なニーズがなくなったと痛感するからだと。だから、生きている意味がない、ということでした。

樋口　その気持ち、よくわかります。上野さんは、何のかんの言ってもフリーランスより大学での教職についていた時期のほうが長いから、また別の考えがおありでしょうけれど。私も大学教職の期間が二〇年近くありますが、その前の非常に身分の定まらないフリーランスの時代も、それなりに長いんですよね。橋田さんも三〇代で松竹を退社してからは、ずっとフリーランス。だから、仕事がゼロになることに関して、あたかも世の中から死を宣告されたくらい深刻に受け止められたんだと思うの。

上野　社会的ニーズのない人生を送っている人なんて、世の中に山のようにいますよ。

樋口　そうなの、そういう場合がほとんどなんですよ。

上野　だから、**別に社会的なニーズがなくなることが死ぬ理由にはならないと、私なんぞは思いますけどね。**

樋口　あれだけ全盛期の長かった方は、習い性になっちゃってるんでしょうね。でも、あの発言はショックだった。

上野　やめどきを語るには、仕事盛りを語ることも必要なので、話しますと。私が大学での定職についたということについては、ハッキリした理由があるんです。京都の短大に一〇年、私大に四年いて、それから東大に異動しました。関西にいたときはちょうどバブルの最中だったので、まわりから独立をすすめられたこともありましたが、辞めなかったのは仕事を選ぶためです。フリーランスになると仕事を選べない。そのことを、まわりを見てよーく学習しました。だったら、給料分は働こうと。

樋口　給料分、稼げていれば、やりたい仕事だけやれると。

上野　そう。まわりのフリーランスになった人たちを見ていると、仕事がだんだん荒れていくのがわかりました。その点、毎月ちゃんと給料が入る生活って、ものすごい生活保障ですよね。

樋口　私が大学の教職についたのは五四歳のときで、三九歳から五四歳まではフリーランス。その前はいくつかの企業に勤めましたよ。その頃は、まだ日本企業が発展途上でゆとりがあった時代だから、企業の恩恵に浴しながら生きていたと思うの。例えば、私が時事通信社を辞めて子育てをある程度して、学研に再就職したのは昭和三八年で、私が三〇歳の頃。とてもありがたかったのは、まだ日本の戦後経済が完全に復興する前で、女子のパートタイマーを安く使おうという悪知恵が日本企業に定着する前だったことね。だから、二〇代後半の子持ち女の私を正社員で採用してくれたんです。

上野　今の話は、歴史的証言として残しておきたいですね。

樋口　面白いと思う。当時、就職試験には何社か行って、受かったり落ちたりしましたけれど、そのときの問答も本当に面白いのよ。某研究機関を受けたときなんて、私は非常勤として採用されたんです。それで後日、一緒に採用された男性のほうには人事部から正規採用の転換試験があるという話がきたものだから、私も長く勤めたいから転換試験を受けたいと言ったら、人事担当者が「君は知らなかったのか」と。「この研究所で正社員として働く女性は、みんな結婚したら退職するという念書を書くんですよ」って言うの。こりゃダメだと（笑）。それで退職して学研の試験を受けることになったんです。でも、筆記試験が通った後の部長面接で、私が子持ちの女だということがバレちゃった。それで、人事部長から「うちには妊娠四か月になると退職の内規があって、子どもがいる人を採用する気はないから帰ってくれ」と言われたの。そこで帰っちゃえば今の私はなかったんですが、それはあまりに酷《ひど》いと思って、言い返したんですよ。「こちらの会社は保育にかかわる出版社なのに、母親の目を排除するような形で、果たしてよい雑誌ができるのでしょうか」と。「むしろ、あなた方の意見を聞きたいです」と（笑）。それで結局、入社できちゃった。

上野　就職していたとき、子どもの面倒は誰が？

樋口　母。就職を機に同居してもらったの。祖母力をアテにできたからこそその就職でした。

上野　やっぱり祖母力がないと、シングルマザーは働くのが困難ですね。

仕事からおりたくてもおりられない人が増える

上野　話を元に戻しますけど、仕事のやめどきって勤め人なら強制終了されますが、そうじゃない働き方が増えると、自主定年を決めるしかないですよね。
　私のまわりに医者がたくさんいて、その中には、いつまでもやめないと困るなという人もいます。誤診や治療ミスをされたら怖いです。

樋口　定年制度がつくづくいい制度だと思うのは、これがあることで否応《いやおう》なく辞めるでしょう。そうでもしないと、辞めどきってなかなか自分ではつくれないですからね。

上野　**自由業になったら自主定年するしかありません。**さっきの樋口説だと、注文が来なくなったときが強制終了時？

樋口　と思います。注文がこなくなったら、もうお呼びじゃないと思うよりほかないですから。でも、例えばこの介護労働の人手不足を思うと、やっぱり六〇代、七〇代の人にも介護労働力として働いてもらわないと、日本の高齢化、介護の労働力不足を乗り越えられないと思うんです。

上野　介護の現場はとっくにそうなっていて、六〇代、七〇代のヘルパーが働いていらっしゃいますよ。その方たちは、働かないとやっていけない人たちです。

樋口　やっていけないのは本人も社会も、です。これからもそうしていくより仕方がないですね。若い人材は欲しいけれど、なかなか来てほしいとは言いづらい条件ですから。

上野　労働条件が悪すぎるからですよね。それに、年金が低すぎる。樋口さんの言うＢＢ（貧乏ばあさん）を生み出す条件が揃っています。仕事からおりたくてもおりられない人は、これからもっと増えてくると思います。

私の指導学生が「シングルマザーの老後展望」という博士論文を書いたんです。シングルマザーに老後展望はあるかという問いを立てて、リサーチをしたら、答えは「シングルマザーに老後展望はない」でした。じゃあ、どうやって暮らすのか。貧困の世代間再生産（世代間での格差・貧困が繰り返されること）のせいで、子どもに頼るという選択肢もない。そうなると、シングルマザーは「倒れるまで働く」というのが結論でした。その職場として今、中高年の女性に提供されているのが介護業界だと。そんな彼女らの最大の心配は、自分が倒れたら、その先はどうなるんだろうということです。

樋口　**やっぱり仕事のやめどきは、経済と切っても切れません。**政治的な対策が必要ですね。これは一回こっきりしかできないけれど、「超高齢社会乗り切り法」という法律をつくって、一定の資産税をとって福祉の財源を確保するのもいいんじゃないでしょうか。そうでないと、高齢者もだけど、貧富の格差は拡大し、出生率もどんどん低下しますよ。

ゴミ当番のやめどき

上野　樋口さんは、もとのお家が老朽化したからという理由で、土地付き一戸建てを建て替えられましたね。いっそのこと持ち家を処分して、利便性の高いマンションに移転するという選択肢はありませんでしたか？　私は戸建てから今のマンションに移って、ゴミ出しストレスがゼロになったので、すごく快適です。

樋口　お宅のマンションは、どういう規則なの？

上野　ゴミの収集所が各階に全部ありますから、二四時間いつ何時でもゴミが出せるんです。

樋口　不燃ゴミと可燃ゴミを分けて出すの？

上野　自治体の規定に従ってゴミを分別して、業者を入れています。もちろん有償です。管理費に含まれているんですけど、二四時間いつでも出せるのがすごく便利で。それまで三階建ての土地付き一戸建てにひとりで住んでいましたが、もう二度と再び戸建てには住みたくありません！　特に、戸建て時代に泣いたのが宅配便の受け取りとゴミ出しでした。それに家の中に階段のある家がアウト。足を骨折したときには、階段の上がり下りに泣きました。スキーで骨折したんですが、そういえば説明した相手に「敷居で骨折した」と聞き間違えられたりもしましたっけ（笑）。

樋口　私は以前、「樋口さん、住まいは今後どうなさるんですか？」と聞かれたときの台詞《せりふ》は、**決まって「ゴミ当番が務められなくなったら施設へ入るわ」**だったの（笑）。今も当番表を冷蔵庫に張ってあるけれど、戸建てに住むということは年数回、一週間単位のゴミ当番とは縁が切れないわけですよ。

上野　ゴミ当番って、ゴミ出し以外に何をするんですか？

樋口　不燃ゴミや瓶・缶を入れる容器が回ってくるから、それを近くの収集所に持って行って、ゴミ出しの日が終われば、また持って帰るの。結構な力仕事よ。

上野　それを今もやってらっしゃるの？

樋口　最近は全部娘がやってくれていますけど。出張とかで娘がいないときは、私が両脇に容器を抱えて、ヨタヘロ、ヨタヘロと運んでますよ。でもね、お隣の方がとてもいい方で、ありがたいことに、うちがやっていないと手助けをしてくださるの。だから、お会いするといつも頭を下げて「ありがとうございます」って言ってます。ただ隣人のサポートには限界があるし、基本的には自宅のゴミはその家に住む者が処理するのが前提だから、そのお役目が果たせなくなったら施設かなと、ずっと思ってました。

上野　その選択はすでに過去形ですね、家を建て替えてしまわれましたから。今は娘さんがやっているから問題はないんでしょう？　そこは、やっぱり家族持ちね。

樋口　やっぱり家族頼みですよ。ひとりだったら、きっとシルバー人材センター（臨時的・短期的あるいは軽易な業務を、請負・委任の形式で行う公益法人）のスタッフに頼んだでしょうね。シルバーさんのいいところは、会員の方がみんな同じ地域社会に住んでいるから「朝一時間だけ来てちょうだい」という頼み方ができること。ただ、それも自分で依頼できなきゃ、意味がないわね。ゴミ出しというのは日本の地域を支えている大変なものですから、自分でやるにしても、人に依頼するにしても、その役割が果たせなくなったら家がゴミ屋敷になっちゃいますから。

上野　それにしても、ゴミ袋をそのまま外に出しておくという日本のゴミ収集の仕方って、いつまでたっても進歩しませんね。以前住んでいたドイツでは、各戸の前にダストボックスが置いてあって、そこから収集するから、カラスがつつくこともありませんでした。

樋口　そういえば、犬養道子さん（評論家／一九二一〜二〇一七年）のデビュー作の『お嬢さん放浪記』（初版一九五八年）の中に、ヨーロッパのゴミ処理についての文章があったわね。読んだのは確か高校生の頃だったから、《これだけでも税金を払う価値がある》っていう文中の言葉がものすごく鮮明に心に残りました。その通りって思ったの。

上野　その頃から社会に目覚めてたんですね。

樋口　うん、ゴミ収集は六〇年たってもあんまり変わらないけれど。

上野　コロナ禍のもと、ゴミがきちんと定期的に収拾されて何のトラブルも起きていないということについては、本当に感動しています。ゴミの滞留がないというのは奇跡に近いですよ！

樋口　そういえば以前、ニューヨークに行ったとき、ゴミ収集の人たちのストライキに出くわしたことがあって。道路にゴミが山積みになって、うへーっと思ったけど、日本ではこういうことがないですからね。戸建てでも歩いて二百メートルくらいのところに収集所があって、決まった日時にきちんと持って行ってくれるんですもの。

上野　コロナ禍で本当に感動するのは、宅配業者さんとゴミ収集者さんですね。手を合わせたいくらい。いつもありがとうございます。

趣味のやめどき

樋口　私は、美術と音楽でいえば、断然音楽が好きで、若い頃は海外ツアーのおっかけもやったことがあるんですよ。

上野　オペラファンでしょ？

樋口　ええ。でも年とともに、だんだんツアーに行けなくなるわけ。まず、海外にはわりと早くに行けなくなります。徐々に収入が減りますから、高いオペラのチケットも買いにくくなるし。あと、オペラのファンをやっていると、いつの間にか仲間ができるもので、私にも、いい来日公演があるとすぐに連絡をくれて、チケットを手配してくれる方がいたんです。そんな仲間と一緒に、長い幕間《まくあい》に今日のソプラノは悪かっただのテノールは結構歌っていただの、偉そうに批評をするのが何ともいえない楽しみだったんです。でも、そんな仲間たちが年齢とともに運動能力が落ちて、だんだん海外に行けなくなって。次には、東京文化会館やサントリーホール、NHKホールにも行けなくなって。行けたとしても、トイレが近いものだから落ち着いて観ていられないのね。せめて、今みたいに六百グラムも吸収してくれる、いい尿もれパッドがあればよかったんだけど、残念ながら一〇年前にはありませんでしたからね。要するに、オペラは一幕一時間がザラですから、**一時間の座位が保てなくなると、もう仲間との観劇も消滅なのです。**

上野　進化しましたよね、ああいう介護用品。

樋口　そのおかげで、去年は英国ロイヤル・オペラが来日して『ファウスト』を上演するというので、珍しくひとりで行ってきました。うちのスタッフたちに、「行けるうちが花ですよ」と蹴飛ばすように送り出されて。

上野　まわりの方の何とお優しいこと!

樋口　だけど、年寄りは、行ったのはいいけれど帰るのが大変なんですよ。これはやめどきの話からちょっとずれるんだけど、帰るときは指揮者の手がとまって「ブラボー」が始まる寸前に席を立って外に向かわないとダメ。でないと、長蛇の列の中で永遠にタクシーを待つ身になって、帰るエネルギーを失っちゃうから。それで、その日も必死の体で出口を出たんだけど、前の道が工事中でタクシーをどこで待てばいいかわからなかったんですよ。で、工事の現場主任みたいな人に声をかけて、「ここで待っていればタクシーは来るでしょうか？」と聞いたら、「道は通行止めになってないから来るでしょう」と。そのうちホールから出て来た人たちがゾロゾロやって来て、みんなどこで待てばいいかわからないから、ウロウロしているわけ。すると、最初に声をかけた主任さんが「このおばあちゃんが一番先ですよ」と叫んでくれて。あんなふうに真っ向から「このおばあちゃん」と言われたのは、八七歳にして初めてでした（笑）。

上野　ショックでした？

樋口　それが全然ショックじゃなかったの。なぜなら「このおばあちゃん」という主任の言い方がとっても優しかったから。まわりには自分が先だと思っていた人もいて、何やら怒って声をあげていましたが、「このおばあちゃんが、さっきから待ってるんですよ」、「このおばあちゃんが一番先ですよ」と何度も叫んでくれて、その声に押されて最初に来たタクシーに乗り込むことができたんです。並んでいた人の中には、「このおばあちゃんって、結構有名な人だよ」と言ってくださる人がいたり、車に乗ってからバイバイと手を振ったら振り返してくれる人がいたり、まわりの人たちのいたわりの気持ちが感じられて、とてもハッピーな出来事でした。そう思えたのも、私がいよいよ趣味のやめどきを迎えたからなんでしょうね。

上野　世の中には、趣味の対象そのものが好きな人と、趣味の人間関係が好きな人がいますよね。私の場合は昔からひとりで行動することに慣れていて団体行動はほとんどしないから、趣味のスキーもひとりでゲレンデに行ってます。どんなに気持ちがいいことか！　でも、男友だちとは行きますよ。そう、男は調達するの（笑）。

樋口　そういえば、上野さんと一度、ばったり劇場でお会いしたことがあったわね。車いすの男性を介助されていて。偉いと思った！

上野　見られていたか（笑）。あのときは、「車いすになってても諦めなくてもいいんだよ」と言って、あのおじさまを連れ出したんです。**確かに、優秀な尿漏れパッドのおかげで、趣味のやめどきが延びました。**

ペットのやめどき

樋口　今の家は建て替え前を含めると、もう五〇年ほど住んでいて、その間ずっと猫を飼ってきたの。今も去年飼い始めた子を入れて三匹います。娘は絶対に自分の飼っている猫は酷い目にはあわせないと誓いを立てております。例えば、**猫たちが息を引き取るときは抱いて死なせるし、娘自身が年をとって老人ホームに入ることになったとしてもペット付きで入れるところを選ぶと。**実際、最近はお犬様、お猫様と一緒に入れる施設もできているんですよ。

上野　樋口さんのお家には、猫が三匹もいるんですか？

樋口　そう。一番の新入りは去年飼い始めた「ネズミ」という毛色が灰色の猫。体重八キロもある憎々しい子でね。鼻先からしっぽの先まで計ると一メートル以上あるのよ。勝手に戸を開けるし、大食いで尻グセが悪くてその辺にオシッコをしちゃうし、飼い始めた当初、「ブリーダーに戻そうか」と娘が言ったの。でも、そんなデッカイ大食いの尻グセの悪い猫が返品されてきたら、だいたい末路は見えているじゃない？　だから、ネズミを抱きしめて、この子を返すならお袋を処分せよと身をもってかばいました。とはいえ、私はウンチの始末ひとつしたことがなく、すべて娘がしていますから娘は大変です。まあ、そんなこんなで、**ネズミが私のペットじまいね。**

上野　これまで飼ってきたペットのお墓はあるんですか？

樋口　歴代の子たちは庭に埋めてます。火葬したのは一匹だけで、それ以外は死んだ後、穴を掘って葬るのはパートナーの仕事だったわね。この間も、「ダンちゃん」という玄関番みたいな猫が一四歳で死んで。そのときは娘が穴を掘ってくれました。

上野　私の年齢だと、保護犬とか保護猫とかを引き取ろうと思っても、年齢制限で譲ってもらえません。ペットの寿命より早く死にそうですからね。私は子どもの頃からペットと一緒に育ってきたので、老後は犬と一緒に庭のある家で暮らすのが夢だったんですが。そんなささやかな望みさえ叶えられずに死ぬんだろうか、と情けない思いです……。

できるなら盲導犬の赤ちゃん犬を一年育てて返すという期間限定の里親でも、と考えました。でも、育てた犬と別れるときの里親は、みんな泣きの涙なんですって。そう聞くと悲しいし。あとは退役した盲導犬を飼うという選択もありますが、私の年齢だとたぶんそれも難しいでしょう。

樋口 私は体力的に、盲導犬はムリだわ。生前、パートナーとは、二人とも定年退職したらお役御免になった盲導犬を飼って、死ぬまで面倒をみてやろうなんていう話をしていたんですけどね。でも、盲導犬より先に彼が死んでしまって、その夢は潰《つい》えてしまったんです。

だけど、ひとり暮らしの老人にとってペットは大きな意味がある反面、飼い主の寿命を越えて生き残った犬猫たちの多くは保健所行きだと思うと、憐れでなりません。だから、せめて自分にできることとして経済的器量いっぱいの寄付をすることは決めているの。例えば、**一〇万円でも百万円でも遺産の中から動物愛護の団体に寄付をして、老いた飼い主亡き後のペットを専用の老犬猫ホームみたいなところに入れてやりたい。**

上野 同じ夢を見ていたんですね。私も老後の夢だったんです。でも老後というものがやってこない（笑）。

樋口　ムリよ。飼うとしたら、今、上野さんが住んでいる八ヶ岳の家で人を雇わないと。

上野　そのつもりでした。私が山の家に定住すれば何とかなるかと思っていたんだけれど、とてもそんな生活じゃなくて。東京にもしょっちゅう来ているし、海外にもよく行くし。定住どころじゃありません。

お洒落のやめどき

樋口　上野さん、今の髪の色とってもきれいよ。

上野　黒に染めたくないし、さりとて金髪も嫌だから赤くしているんですけど、これもいつまで続けるのかと。

樋口　そのうち病気になると、やめざるを得なくなりますよ。私も今は染めていますけれど、**白髪染めのやめどきは、倒れて入院したときですね。**

それで思い出すのが、加藤シヅエ先生（婦人解放運動家／一八九七〜二〇〇一年）です。加藤先生はずっと髪を黒く染めていらしたでしょう？　でも、九五歳のときに骨折をなさって三か月の入院中に髪の毛が染められなくて真っ白になられたの。もともときれいな方だから白髪もお似合いだったんだけど、当時の会話で印象的だったのが、どうして骨折をしたかということ。部屋で倒れたとおっしゃるから、畳の縁などにつまずかれたのかと思ったらそうではなくて、「普通に立っていましたら、ふわっと転んだんです」とおっしゃるわけ。私は六〇代だったからチンプンカンプン。「先生、立っていても、ふわっと転んで骨折なさることがあるんですか?」と聞くと、「この年になりますと、そういうことがあるんですのよ」と。六〇代でもヨタヘロ期の人を見ていないわけじゃないのに、それが自分の人生の延長線上に位置づくということが全然見えていませんでした。

上野
加藤シヅエ先生のお嬢さんが加藤タキさん（コーディネーター、難民を助ける会副会長／一九四五年〜）ですね。タキさんは早くからグレイヘアでしたが、なんでも海外出張中に見知らぬアメリカ人から「素敵なメッシュね」と褒められ開き直ったとか。

私は「赤髪のチズちゃん」が定着してきましたから、染め出すとやめどきの決心がつかないですね。 幸い、コロナ禍の今は人にほとんど会わないので、家の中で、すっぴん・ノーブラ・ユニクロの三点セットで過ごしています。こんなに楽なことはないですね。今日は樋口邸におじゃましての対談だから、久しぶりに美容院に行って、アクセサリーをじゃらじゃらつけていますけど。最近はもっぱらＺｏｏｍ（オンライン上の会議アプリ）でのやりとりが多いです。くわしい人から、顔映りをよくするには顔とモニターの間に白い紙かなんかを置いてレフ板効果を狙うといいとか、いろいろ教えてもらったんだけど、Ｚｏｏｍなんてボヤけて映っていればいいじゃないですか（笑）。胸から下は見えないからジャージを着ていてもわかりませんからね。

樋口　私も、今日のために美容院に行ってきましたよ。

上野　**人に見られるってことを意識しないと、お洒落ってしなくていいんだと、最近、改めて思いますね。**

樋口　よく高齢者施設に行っておばあちゃんにメイクをするというイベントがありますが、私はあれは気持ち悪い。やめてほしいです。

上野　どうして？　うちの会員の中には美容関係の仕事をしている人も結構いて、お化粧してあげると皆さん喜ぶからって、それを生きがいにしていたりしますよ。

樋口　樋口さんは、メイクをやってほしいですか？

上野　私は、洗うのが面倒だからいい。

樋口　でしょう？　メイクを落とさなきゃいけないし、肌は荒れるし、私は鬱陶《うっとう》しいな。ご本人が喜ぶというのは、メイクが嬉しいんじゃなくて、誰かが自分にかまってくれることが嬉しいんじゃないですか。

樋口　そうね。関心を持って触ってもらうだけで嬉しいというのは、何となく理解できますね。

上野　仕事をしている年齢なら、社会の目線でメイクを必要とするかもしれないけど、その必要がなくなれば不要。それって、女性なんだから何でパンプスを履かないんだというのと同じですよ。今みたいに、打ち合わせがＺｏｏｍになれば、アクセサリーにしても服にしても、何でこんなのいっぱい持っていたんだろうってなる。私は今、八ヶ岳の山荘で暮らしているので、本当に毎日、同じ格好ですよ。

樋口　私も、外へ出るときはそれなりにしようと思いますけれど、家の中ではね。
　この間、『明日の友』で夏の過ごし方について取材を受けたときには、「無駄な抵抗はせず、なるべく何も着ないで過ごす」と話しました。下着はショーツ一枚、中はすっぽんぽん、古い二〇年くらい前にそれなりのお値段で手に入れた街着を素肌に着るの。一枚でも透けない生地でできていますから、それをポンと着て、お客様が来るときにはロングネックレスを一つかければ十分ごまかせますから。

上野　やっぱりお洒落って他人のためにやるものですね。

旅のやめどき

樋口　**私はもう海外旅行はやめました。体力的にもう持たないし、国内はまだ歩けても海外は付き添いがないと心配で。**

上野　障害者の方たちを見ていると、ストレッチャーに乗ってでも外国にいらっしゃるでしょう？　その気になれば、できちゃうんですよ。

樋口　私は税関の行列を立って並ぶ時間が耐えられないの。

上野　そういうときは車いすですよ。車いすでもストレッチャーでも使えば、今はどこへでも行けちゃいます。

樋口　それでも行こうという気概があるかどうかよね。上野さん、じいさん、ばあさんのための車いすツアーをやってよ。そしたら、私も応募するから。

上野　申し訳ない。気持ちはわかりますが、私は団体旅行が大嫌い。それに、最近は時差のあるところに行くのがつらくて。だんだん時差が簡単に抜けなくなってきました。だから、私も海外旅行先では、この景色はこれが見納めという気持ちで眺めております。

樋口　まだ早いんじゃない？　八〇歳までは大丈夫よ。私も上野さんの年齢のときは平気で行ってたもん。最後に行った海外は北欧で、確か八〇歳と数か月だったかな。北欧に行ったときは、みんな年寄りばっかりの旅行だったんですけれど、八〇代は私ともうひとりだけで、あとは七〇代。そうすると七〇代の人に比べて何となく行動が遅れがちなのよね。ああ、これは足手まといになるなと思って、もうこれが最後だなあと思いました。

上野　車いすで行けば？

樋口　何かの機会に車いすで旅行する機会があれば行ってもいいけど、いわゆる普通のツアーで行くのは限界ね。寂しいですよ。海外旅行、好きだったから。

上野　そうですね。私も以前は隣町へ行くような感覚で気楽にホイホイとニューヨークとかに行っていたのに。今は出かける前になって面倒だなあ、何でこんな予定を入れたんだろうって、うんざりする自分にドキッとしています。こんな気分、若いときには考えられなかったですね。

断捨離のやめどき

上野　断捨離ってやってます？

樋口　やらない。

上野　私もやっていませんが、やらないのはどうして？

樋口　忙しいから。

上野　そういう理由ですか。そのうち暇になるというのが老後というものですが、やっぱり樋口さんには老後がまだ来ていないんですね。

樋口　暇になったら、今度は体力がなくなるわ。断捨離って体力がいるでしょう？

上野　だから、いろんな本によると、そうなる前に断捨離をやりなさいと書かれていますよ。

樋口　私は今の家を建て替えるにあたって、本当に涙を流しながら本をだいぶん捨てました。だから、**このうえ、断捨離をしようとは思いません。その代わり、処理に必要な費用**

をお金で残すとします。**

上野　かくいう私も、断捨離はしていません。私が遺言執行人に指名している親しい友人がいまして、その人に、これこれはしてほしい、あとはゴミにするならして、と伝えてあります。

樋口　私は上野さんほどお洒落じゃないけれど、長く生きている分、アクセサリーとかスカーフとかがいっぱいあるわけ。どれも平凡な中級品ですけどね。それをどうするか。**樋口恵子遺品配分委員会というのをつくって、まずは娘がほしいと思うものを勝手に抜いて、その残りを委員会内で配分してもらおうかと思ってるの。**どんな小さなものでも、もらえばそれなりに嬉しいんじゃないかと思うから、葬式よりも賑《にぎ》やかになるんじゃないかしら（笑）。その代わり、条件は一つ残らず出されたものは持って帰ってもらいたい。残されても困りますからね。

上野　私の女友達は遠慮会釈がないから、私がちょっと気のきいたものを身に着けていると、「それ、いいわね、（将来、私がいただくけど）しばらく使っててていいわ」なんて言うんです（笑）。だから私はニッコリ笑って、「じゃ、遺品にしとくわね」って。**誰が、私の持ち物の何を気に入っているかがわかるから、誰に何を遺贈するかを書いた遺品リ

ストを用意しておこうかと思ってます。

それと、「WAN」では少しでも資金を集めるために、時々各自が自分の愛用品を持ち寄って、オークションをやっています。私がオークションのセリ係で、「さあ、買った、買った、買った」って値段を釣り上げるの。やってみてわかったのは、例えば一〇〇〇円からスタートすると、女性の値段のつけ方は一〇〇〇円の次は一〇五〇円とか一〇五一円とか、すごく細かいこと。なんでもっとデカくいかないのかと（笑）。**遺品もそんなふうにオークション形式にして、売り上げを団体に寄付すればいいんじゃないですか。**

樋口　**財産の捨てどきは、生かしどきですからね。**必要なところにお金が届けば、それが励みになって種がまかれるから、いいですよね。

上野　はい、その方面のパイオニアから**「恩送り」**という素敵な言葉を教えていただきました。ちなみに、身に着けるものは趣味とサイズがあるから、オークションに出すのはスカーフとかアクセサリーがいいですよ。

樋口　上野さんが着けてらっしゃるスカーフ、素敵よ。

上野　いいですよ、これオークションに出しますから（笑）。

樋口　残ったら、私にくれる?

上野　すごいですね。私より長生きなさるおつもり?

自立のやめどき

樋口　先日、ある理学療法士の方から「樋口さん、介護されるのは嫌ですか？」と聞かれたの。そのとき私は、「人によるんじゃないですか？」とちょっと曖昧な、捉えどころのないような返事をしちゃったんです。嫌な人にしてもらうのは嫌だけど、いい人ならいいわよと。その後、いろいろ考えて、今、改めて聞かれたとしたら「はい、嫌です」とハッキリ答えると思う。これは、たとえ介護してくれる側が心から取り組んでくれたとしても、どうにも超えられない意識ですね。

なぜなら、親に引っぱたかれたことなんてほとんどなかった私が、子どもの頃、唯一引っぱたかれたのが、おねしょをしたときだったんです。要するに、排泄の自立、トイレット・トレーニングというのは洋の東西を問わず生まれて最初に受ける訓練であって、そのために普段は引っぱたいたりしない親が子どものお尻をたたいたりするわけ。特に女は羞恥心も伴うから、そういうことに対しては厳しく躾けられて、シモがかった話をしてはいけないとか、排泄の場面を人様に見せるのは恥ずかしいことだと言われて育ちます。でも、そんなことを言われながら大人になった女も、出産するときは羞恥心をかなぐり捨てて、むき出しのただの裸の女として人目にさらされ、あらゆる屈辱感に耐えながら子を産むわけですよ。私は、ただの一度しか出産経験はないけれど、もう一度で十分だと思いました。

介護の話からちょっと脇道にそれちゃうけれど、私が出産をした六〇年ほど前は今みたいに産婦人科の中でプライバシーが保たれていなくて、すぐ隣の診察台では別の妊婦さんが股を広げて診てもらっていたわけ。今でも覚えている光景があるんだけど、ある日、隣の妊婦さんは羞恥心が強いのか、看護師がいくら励ましても、どうしても股が開けないのね。それで、男の医者が「それならひとりで産みなさい。足を広げてくれないと診察ができないじゃないかっ!」と怒鳴っているの。私は彼女ほど慎ましくはないけれど、ああ、わかるわかると、そのとき思いました。女として生まれて、そういうところをむき出しにしたり、人様に見せたりしてはいけないという貞淑な躾をこれまで受けてきたんですから。

上野　でも、どんな貞節な女でも夫の前では足を広げているんでしょう？　私なんかは、妊娠する前にはセックスしてるくせに、今さら何言ってるんだよと思っちゃうけどなあ。

樋口　貞節な女は夫の前で足を広げても、赤の他人である産婦人科医の前ではやすやすと広げることは難しいのです。

上野　別に産婦人科医とセックスするわけじゃあるまいし。やっぱり、樋口さんとは、このあたりの感覚が違いますね。

樋口　話は排泄に戻りますけれど。おむつの中にお漏らししそうになることは、トイレットの自立を失うことにつながるわけです。嫁や医者はおむつカバーをしているんだから、おむつの中にしなさいと叫ぶけれど、嫁におむつを変えてもらうのも嫌。でも、そうはいっても人はだんだんと不自由になりますから、私だって近い将来、人様に汚いお仕事をお任せすることにもなるでしょう。**本心は嫌なんです。でも致し方ないから、恐れ入りますという気持ちでいることを、介護する側は理解してほしいというのが私の考えです。**

上野　そこは以前から樋口さんと世代差とセクシュアリティの違いを感じている部分なんですが。じゃあ、出産でいうと、夫の立ち会いなんて考えられないですか？

樋口　いれば、立ち会ってくれていいわよ。私のときは、夫が出張中だったからひとりで産んじゃったけれど。

上野　夫の都合がどうこうじゃなくて、自分がそれを望むか望まないかですよ。立ち会い出産を望めば、夫の出張をやめさせるでしょう。最近は男性も産休を取りますし。

羞恥心の話でいうと、介護保険が導入される以前には、母親は息子におむつの交換をされたくない、息子も母親のおむつ交換は絶対できないという話があったんですが、それはどう思われます？

樋口　私には息子がいないからわからないけれど、昔の女としてはその感覚は普通だと思う。

上野　もっとも介護してほしくない相手と、もっともやってあげたくない相手のミスマッチのワーストが母と息子だという学術論文まであるんです。アンケートデータをもとに、だから「男に介護はできない」っていうのがその論文の結論でした。甘えるんじゃないよ、と言いたいです。

私が思うに、ほかにやってくれる誰かがいるから「やってほしくない」とか「やりたくない」と言えるのであって、単なる手抜きでしょ。私の友人で、母ひとり子ひとりの母子家庭で育った息子が、母親が脳梗塞で倒れてからおむつ替えをずっとしていました。そのことに抵抗があるかと聞いたら、「そんなこと言ってられないし、慣れたらどうってことない」と。そりゃそうですよね。

樋口　これは日本の家父長制のせいだと思うんですが、昔は孝行娘、孝行嫁なんてものはなくて、親孝行物語は全部息子です。江戸時代は親の寿命も短かったから、跡取り息子が独身のうちに親が倒れることもあったと思うけれど、背負ったり、おそらくおしめを替えたりしたのは全部息子だったのよ。

上野　やらずに済むからできないと言ってるだけですよね。何が言いたいかというと、羞恥心というものも学習されたもので、ご都合主義的なものだということです。つまり、感覚だっていくらでも変わるものです。

常日頃、障害者の方たちとつきあっていると「人間、自分でおシモの世話ができなくなったぐらいで死ぬ理由にはなりまへん」って思います。実際、そうやって障害者は生きてるんですから。そこに羞恥心を持たない人はいないと思うし、自分が不甲斐ない、情けないという気持ちは中途障害の人たちは特に持っていると思うけど、だからといってそんなことで死ぬ理由にはなりません。

樋口　死ぬなんて思ってないけれど。

介護される側の気持ち

上野　先ほど「介護は嫌ですか」と樋口さんに聞いてきたのは理学療法士だということですが、理学療法士はプロですから、彼らが対価を伴わなくてもやるかというとまた話は別です。本当は介護する側だって介護が楽しいこと、美しいことだとは思っていないと思います。どちらかというと、嫌なことも含んでいると思う。

樋口　それを楽しんで一所懸命やっていますと言えるのがプロだと思うから、そのことは尊敬するし、ありがたいと思います。だけど、**私は身を委ねる側がいくつもの葛藤を経ながら、本当はこんな身になりたくなかったと思っていることは理解いただきたいということね。**

上野　そこはわかります。誰しも好きで要介護になるわけじゃないですからね。

樋口　障害者の方だって同じよね。

上野　ヘルパーさんに対する差別的な発言の中で、最近読んでドキッとしたのが、介護を受けておむつ交換されているおばあちゃまがヘルパーさんに放った言葉。「こんな汚いことを子や孫にはさせられないわね」って。

樋口　それはとんでもないばあさんだ！　娘も孫もしてくれないようなことをしていただいて、ありがとうございますならいいけれど。

人間としての尊厳の基本であるお尻をきれいにするという仕事をしている人に、もっと報いる世の中にならなきゃダメですね。

上野　コロナ禍で出てきた対策の中で怒り心頭に発しているのが、医療・介護の人手不足問題についての厚労省の対応です。医療については退職看護師や保健師を呼び戻すようにとしましたが、介護については無資格者を使っていいと言ったんです。つまり、無資格の人を使っていいというのは、介護は女なら誰でもできる非熟練労働だと政策決定者が考えているという証拠です。本当にムカつきました。

樋口　エッセンシャルワーカーの地位向上、賃金向上について、「高齢社会をよくする女性の会」では、今年の秋に要望を出したいと思っているんです。

上野　一番簡単なのは、介護報酬の単価を上げることですが、原資を増やさない限り、介護報酬を上げられません。

樋口　今すぐに予算を向けるためには何が一番いいでしょうね？

上野　消費税率を上げて、国民負担率を上げるしかありません。それにいらない旧式の兵器なんて米国から買わなければいい。そうやって原資を確保したうえで介護報酬の単価を上げる。といっても、現場の要求はつつましいです。現状の身体介護と生活援助の二本立てを一本化して、単価を三〇〇〇円台にしてほしい、と。

樋口　最近は、ヘルパーたちのユニオンもやっとできてきたし、そういう動きを我々国民も支持して、エッセンシャルワーカーが報われる世の中にしなきゃね。

上野　専門職向けの講演会では、介護職の人たちには「あなたたちの待遇改善を利用者の側から要求してくれるなんて期待しないで」と言っています。自分たちから要求しなければ、変わりません。現に厚労省はコロナ禍対策として、介護保険の通所系サービスと短期入所系サービスについて報酬上の上乗せを臨時的に認めたりしていますが、利用者を事業者との利害を対立させる姑息なやり方です。

樋口　これは一大運動しなきゃ。介護されるのは嫌ですかというのは、かなり大きな問題ですから。

健康長寿のやめどき

樋口　ここ最近の「3密」騒ぎで意見が変わったかもしれないけれど、家族と同居しているにもかかわらず孤食している男性の死亡リスクは、同居で共食の男性より一・五倍高いという有名な調査（二〇一七年　東京医科歯科大学・谷友香子研究員らの調査）があります。それが昨今のコロナ禍でアンチテーゼが出てきて、3密で病気になるのに比べると孤食のほうが死亡リスクが低いという数字がそのうち出るんじゃないかと言われています。

上野　そこにジェンダー差があると思います。おひとりさまの男性は早く死にますが、おひとりさまの女性は長生きしますよね。ストレスが少ないので。

樋口　それもやがて変わって来るんじゃないかと思っているのよ。ずいぶん長い間、おひとりさまの女のほうが、家事ができて職場以外の人間関係がある分、老後の生き方は有利だと言われてきました。私もそう考えていたわけですけれど、実際には健康寿命（自立した生活を送れる期間）をみると、平均寿命より男が約九年短いのに対して、女は約一二年も短いんですから。

上野　私は、逆だと思います。健康寿命が延びたら、その分のフレイル期が短くなるかというと決してそんなことはなくて、健康寿命が延びた分、フレイル期も延びるかもしれません。厚労省の平均寿命と健康寿命の差のデータというのは、フレイルになってもここまで生きられるという証拠を示すデータだと解釈しています。**男はフレイルになったらあっという間に死ぬけど、女はフレイルな状態で生き続けられる。けっこうじゃないですか。**

樋口　もちろん、そう考えることもできるけれど、女のほうがフレイルな期間が長いのは、やっぱり癪《しゃく》なわけよ。長いフレイル期を過ごすためには何が必要かを、女性たちが提案していかないと。

上野　はい。そのために要介護認定というものがあって、介護保険ができたわけです。

樋口　というのもあるけれど、私はフレイルな状態が長いことについて承服しがたい思いがあります。

上野　じゃあ、努力で健康寿命を延ばせると思います？

樋口　思います。

上野　努力で延ばして、フレイル期を短くできると思います？　寿命の終わりが決まっているわけじゃありませんから、健康寿命を延ばしたら、その分、基礎体力が増えて、フレイル期がもっと延びるかもしれませんよ。今、フレイル期について論じている人たちって、平均寿命が一定という前提のもとでフレイル期を引き算しているように思えます。でも、それは違うと思う。

樋口　それはそれでもいいけれど、どうして男と女でそんなに違うんだということ。

上野　女のほうがフレイルになってもしぶとく生きられるからです。

樋口　でも、フレイルで生きなくたって、元気で生きられたらいいじゃない？

上野　だって、誰でもいつかはフレイルになります。避けられないことですから。

樋口　そのあたりの考えの違いは、やっぱり上野さんと私の歳の差だろうなと思うの。今こっちはその真っ盛り。フレイルに直進中ですから。フレイルの状態は本人としてみたら、やっぱり嫌ですよ。避けられないとしても、できるだけ後に延ばしたい。

上野　健康寿命を先に延ばしたらフレイル期がもっと先に延びるだけですよ。もちろん、私だって健康な人生が長いほうがいいと思いますけど、フレイルになるのは避けられないものですから。

樋口　それはわかるの。**死が避けられないのと同じように、衰えることもまた避けられない。フレイルとともに生きていくんだと思う。でも、その時期が長いことが幸せだとは思えない。**

上野　幸せであってもなくても事実ですから、受け入れるしかありません。

樋口　だから、それを短くできればいいなと思っているわけ。

上野　どうしたら短くなると思いますか？

樋口　例えば、男女の社会的な状況の違いを見ていくと、特に五〇代、六〇代、七〇代になっても、男と女の社会的差は社会参加、つまり就労なんです。就労に関しては五〇代くらいから変わり始めて、六〇代、七〇代はダブルスコアくらいの差になる。男はどこかで働いているのに、女は就労している人がぐっと少なくなるわけです。これは孫育てのためか、企業が雇わないためかわかりませんが。「働け論者」の私としては、中高年期の女の就労期間をもっと延ばしてほしい。こんなに巨大なＢＢ（貧乏ばあさん）の集団がこのまま増えていくよりは、五〇代から七〇代の無理のない就労と不合理な不平等を避けて、社会参加という名の就労ができることによって、女の健康寿命はもっと延びるんじゃないかと思うんです。

上野 すみませんが、就労と社会参加は別です。樋口さんには釈迦に説法ですが、どんなに好きな職場でも六五歳からはお前はいらないと言われます。それよりも、私が見てきたケースは、就労してきた男に社会性があるかというと、彼らは職場を離れると同時に、あらゆる社会関係から切り離されます。一方、女のほうは樋口さんもご存じのように就労を伴わない社会活動を山のようにやってきていますよね。男が定年になって家で何もしていないときに、出歩いているのは女ですから。

樋口 この頃、私は男と女をそういうステレオタイプで捉えちゃいけないと思い始めているの。例えば、家庭科の男女共修が始まったのは今の四〇代からで、その前世代では中学で技術家庭が男女共修になって、高校で家庭科が男女共修になりました。その結果、今の子育て中の男がベビーカーを引いて歩く光景が当たり前になってきました。この一五年くらいの間に、男の育児参加は風景として変わっているわけです。

上野 変わりました。それが家庭科共修のせいだとは思いませんけど。

樋口 確かに、家庭科のせいだけではないと思うけれど、制度が変われば意識が変わり、意識が変われば行動も変わります。今は三〇代、四〇代の男のあり方が変わったことに希望をつないでいかなきゃいけないと思う。だから、職場のあり方にしても、何のかんのいっても昔より変わってきているし、寿命の長い女こそ、職場に長い間留まるようなシステムをつくって働くことが大事だと思うんです。
　我々の世代は就職で差別された世代ですから、仕事を持って生きることは人間の生理に適《かな》ったあり方として認めていっていいんじゃないかと。

上野　それには百パーセント賛成ですが、ここで話していたのは、男の健康寿命がなぜ長いかということです。その説明が、男は就労経験があるからだ、だから健康寿命が長いんだと、おっしゃいました。この因果関係については百パーセント認められません。

樋口　私はやっぱり、例えば**職場で健康診断があるだけでも、健康維持には有利だと思っています。**

上野　私は健康寿命の性差よりも、フレイル期間の性差のデータは、男はフレイルになったら長生きできないというふうに解釈しています。

樋口　じゃあ、フレイルになって生き延びられる力とは何か。あえてそれを〝ばあさん力〟と呼ぶなら、そのばあさん力が何かというのも私としては考えてみたいわね。

上野　先進国の平均寿命の男女差は、男性のストレス原因説で説明されています。つまり、就労とか社会生活に伴うストレスが男に女以上にかかっているために、平均寿命の性差ができるんだと。女性も男性並みに就労するようになったら、平均寿命の性差は縮小するだろうと予測されています。

樋口 それはそうだけれど、私自身は男以上のストレスがかかる状況で働いてきましたが、ここまで生き延びられたのは就労したおかげだと思っています。職場より家庭にいたほうがよっぽど楽だという人がいますが、それは人によりけりよね。

上野 データは確かに平均値ですから、個別のケースの説明はできません。発展途上国を例に挙げると、たいていの国では男のほうが長命で、女のほうが労働による激務やストレスによって短命です。だから、フレイルになってもこんなに長く生きられる社会って、いい社会だなと私は思っています。

樋口 健康長寿の話はつきませんね。私としては、家庭科の男女共修を経て子育てに参加した男たちが増えたように、定年後に再雇用で六五歳まで働いた女性たちの、その後の健康寿命がどれくらい延びるかに興味があります。今もまだ女性は就労の場から疎外されすぎだと思うから。

社会のおりどき

樋口　これは社会問題にしてもいいと思うんだけれど、戦後日本の社会福祉を切り開いてこれらた一番ケ瀬康子さん（社会福祉学者／一九二七〜二〇一二年）のことはご存じでしょう？

上野　もちろんです、面識はありませんが。

樋口　私にとって彼女は尊敬すべき先輩で、いろいろと教えていただきました。「高齢社会をよくする女性の会」ができるときも、「いい会ですね」と言ってくださって。講演にもいらしてくださいました。そんな彼女が、あるとき脳卒中で倒れられました。それから一〇年ほどご存命だったんだけど、その間、ご親族以外同窓生も謝絶、面会も謝絶。ついに一度も会えないままお亡くなりになったと聞いています。そんなふうに、倒れた後の消息がいっさいわからないということがあるのですよ。

上野　その話を聞いて思い出すのが、三木睦子さん（社会活動家／一九一七〜二〇一二年）ですね。あるとき私たちの活動に協力していただこうと三木さんに接触したところ、近い方がブロックしておられて。どうやら認知症が入ってらしたようなんです。だから表には出さないという感じで、いつの間にか表舞台から消えてしまわれて。何年か後に訃報をお聞きしました。**名士の中には、生命体として死ぬ前に社会的にすでに死んでしまっている人たちが多いですね。**

樋口　そう、非常に多いんですよ。

上野　そのことをどう思われます？

樋口　理解できません。今の話で思い出すもう一人いらっしゃいます。私にとっては東京都の女性行政の先達でした。その女性があるとき倒れたの。私はそれなりに親しくしていたからお見舞いに行きたいと申し出たんだけれど、ご家族のほうからお断りされました。

上野　そういうときの家族は何を考えていると思います？

樋口　きっと元気なときに比べて、不自由な姿なので見せたくないんだと思う。肉親の情としてそれはわかります。私の娘も何と言うかわかりません。娘には、私が面会を喜ぶようだったら会わせてほしい、と言っておきます。

上野　そうかと思えば、長谷川和夫さん（長谷川式スケールを作った認知症専門医／一九二九年〜）は認知症を公表して表舞台に出てこられるし、鶴見和子さんは脳梗塞に倒れて半身麻痺になっても、最期の最期まで自分を映像で追うことを許可されましたね。

樋口　鶴見さんは病を得てから短歌をつくられたりして、本当に偉い人ですね。

先ほど例に挙げた先輩は、のちに彼女の遺稿集が送られてきたんです。それを読んで初めて涙が出ました。その中に、まだお元気だった頃、夫君と一緒に北欧を訪ねた感想があってね。まさに現地のヨタヘロ期の高齢者たちが、地域の中に造られた建物の中で交流する様子が公開されているのを見て《それこそ我々の老後の姿ではないか。日本においても、徐々に自由を奪われていく高齢者が透明性と連続性を持った存在として街の中心で生きられるようにしてほしい》といった言葉が綴られていたんです。寝たきりになる一歩前の状態でも一市民として生きる大切さを的確に説かれていたわけ。あれには感動しました。「透明性、連続性」というのはキーワードだと思います。

上野　ご自身はそう書いておられたのに、ご家族によって社会から隔離されてしまったんですね。

樋口　夫君は心から妻を愛していらして、よいご夫婦だったと聞いています。

上野　その愛って何なんだろう？　見苦しい妻の姿は世間に見せたくないというのが愛なのか……。

樋口　夫君も亡くなられましたから、今では聞くよしもないですね。

上野　ひと昔前だと、家族に認知症の年寄りがいるというのは隠すべきことでしたね。脳梗塞で倒れた年寄りだって、ほとんど家の中に閉じ込めて他人を入れないようにしてきました。介護保険ができた当初、家の中に第三者を入れることも拒まれたりして。

樋口　そこまで家族がひとりの人間を拘束していいのか、とは思います。でも本人の意思を伝えるのもなかなか難しい。

上野　ですよね。高齢者だけでなく、LGBTQ（セクシャルマイノリティの人たちの総称）も、性暴力の被害者も「見える化」することでようやく問題が顕在化して、社会が変わるきっかけになるんですから、隠してどうすると思うんですけど。

樋口　隠すというのは、一種の独占欲だと思いますよ。その独占欲は支配欲と同意語に近いでしょうね。もちろん、家族は第一に立てられるべき存在ですけれど、「個人情報」

という名のもと、ますます家族の力が強くなる気配もあります。**私は、自分の生前指示書の中にもし本人が望んだら、「倒れてもみんなに会わせてほしい」ことをちゃんと書いておこうと思います。**老いと死が「家族」「血縁」の中に、その人の生きた社会性にかかわりなく封じ込まれるような気がします。

本人以上に家族優先の日本

樋口　加藤シヅエ先生は最晩年、四年ほどの入院中、毎年何人かでお誕生日に病室の枕元に集まったの。というのも、お嬢様のタキさんが「見舞っていただくと、母がとても喜びますので」とおっしゃってくださって。ただし、写真を撮らないこと、面会時の様子を公表しないことが約束でした。私はこの「母が喜びますので」という言葉が素晴らしいキーワードだと思います。

上野　そのとき、樋口さんも将来娘からこういうふうにしてもらいたいと思われました？

樋口　思いましたね。会いたいときは会わせてほしい。子どもとしては老いた母の姿を人様に見せるのはつらくもあるだろうなとは思うけれど。私が会うことを喜ぶ相手とは会わせてほしいですね。

上野　会いたい人がいる一方、この人には会いたくないというのもあると思うな。

樋口　じゃあ、名簿をつくって出すことね。この人には会いたくないと（笑）。

私は亡くなる年まで加藤先生のお見舞いに行けたことを今も誇りに思っているし、加藤先生もずっと喜んでくださったと思っています。そう思うと、人生の最期にそびえる家族の壁というものを、よしとするのかどうか。家族側からいえば、無責任な外野が何と言うか、ということでしょうけれど。日本の中では、本人以上に家族優先という考え方がありますからね。

上野　昔は寿命が短かったから、親が強者のうちに死んでいるでしょう。今は昔より長く生きるから、親は強者を経て弱者になる。その姿を周囲に見せないでおこうとするのは家族自身が老いを拒否しているというふうにしか、私には見えません。自分だっていずれ老いるのにね。

第四章
自立のやめどき

料理のやめどき

樋口　これまで何度か書いていますが、**女の人生には「調理定年」があると思うの。**私は自宅の建て替えをした八四歳のときに大変な貧血になって、その存在を身をもって知りました。

上野　どういうことですか？

樋口　要するに、栄養失調になったんですよ。その症状を自分で「中流性独居無性型《ぶしょう》栄養失調症」と名づけたんですけど（笑）。何年か前から食事の内容が貧しくなっていることは自覚していたの。以前は講演会やら何やらで外食が多かったのが、八五歳を過ぎてからは家にいることが増えてきて。今でも週のうち二日はシルバー人材センターの人が来て何人かで食事をしますけれど、それ以外のひとりで家にいる日は、何となくその辺にあるパンをつまんだり、牛乳を飲んだりで済ませてしまっている日が増えたんです。もちろん、中流ですから、冷蔵庫を開ければ、飲むヨーグルトやジュース、ハムや冷凍食品など一応、おなかを満たす食べものはたくさんあるのに、昔のように自然な空腹感がわかなくて。「いつまでもあると思うな空腹感」ですよ（笑）。

上野　あははは。

樋口　本当よ。八三歳くらいまでは自然な空腹感があって、朝ベッドで横になっていても「ハラ減った、そろそろ起きてメシつくれ」と胃袋から指令されるの。頭が言うんじゃないのよ、胃袋。それでエッチラショと起きて、食事をつくっていたわけ。

上野　私は今七二歳ですけど、空腹感で起きたことなんて、もう何年もないですよ。

樋口　それは残念。上野さんと私のそのあたりの違いは、集団疎開体験とか戦中・戦後の飢えの体験とかの有無によるものでしょうね。歴史的にみても私たち世代は食い物に卑しいの。よくいえば、食生活に貪欲な精神が世代的体験としてあるわけです。だから、世の中は食うことを中心にぐるぐる回っているという意識がいまだにありますよ。この間なんか、ある新聞記事に「高齢者こそ食べ盛り」という言葉を見つけて、すっかり嬉しくなっちゃって、切り抜いて壁に貼ってあるもの（笑）。

上野　確かに、高齢者の施設で入居者さんと一緒に食事をすると、こんなに食べるの？　というくらい、皆さんよく食べて、しかも完食なさいますね。

樋口さんは栄養失調になって調理定年を考えたわけですか？

樋口　そう、それが一つのきっかけですね。もともと料理は家事の中で一番好きで、夫の没後もずっと台所に立っていたのに、八四歳くらいからだんだん面倒くさくなってきたの。特に、建て替えが終わって新しい家で暮らすようになってからは、家財道具の整理を人任せにしていたから、料理器具の置き場所とかがわからなくて。ここにあると思っていたお玉がない、スプーンがない、鍋がない。ないものが三つ重なると、もう調理意欲がなくなるわけ。引っ越しをすると年寄りがボケるというのは、ある意味本当ですね。で、低栄養状態になっちゃった。

上野　申し訳ないですが、それはおひとりさま歴が短いからです（笑）。

樋口　と思う。そういう訓練ができていないのね。お二人さまかお三人さまをずーっとやってきて、特に二番目の夫は、早起きで料理がすごく上手になったものだから、毎朝ご飯をつくってくれて、「できたよー」という声で私と猫が起きて行くというふうだったから。夕食は私が中心でしたけれど。

上野　聞いているだけで羨ましいわ。そんな生活したことない！　それで調理定年を迎えた後は？　今はデリなどの調理済み食品を利用してるんですか？

樋口　ひとりのときはお弁当をとってます。

上野　さぞかし美食家でいらしただろうに、お弁当で我慢できますか？

樋口　そこが戦争中の子どもの強みよ。梅干しも白いご飯もなかった飢えた時代に比べれば、七品も揃って白いご飯がついてくる、このありがたさはたまらない。

上野　私は、まずいものを食べるくらいなら何も食べないほうがマシだと思うほうです。

樋口　だから、上野さんの世代は贅沢を知って育ったのよ。私たちは飢えのどん底の中を生き抜いてきたから、なんだって我慢できます。それでパンをかじって牛乳を飲んでしのいでいたら、具合が悪くなっちゃったんだけど。

低栄養になって目が回って倒れそうになったとき、病院で血液検査をしてもらったの。そうしたら、医者の顔色が変わって、「これは消化器系の重篤な病気以外に考えられない」と。それで八四歳にして初めて、胃カメラを飲んだわけ。実際には、がん細胞ひとつすら見つからなかったんですけどね。

上野　素晴らしい。それはよかったですね。

樋口　でも、ほかに悪いところがあるに違いないから入院しろと言われたんです。ただ、その頃には自分の状態を「中流性独居無性型栄養失調症」と勝手に命名していたから、もう入院なんかいらないと思って断って帰ってきちゃった。

上野　樋口さん、それは独居の高齢男性の領域でございますよ。食べたものが自分の身になるということが、よくわかっておられない。食生活管理の基本のキができないオヤジが、独居生活を始めるとかかる病気でございますね（笑）。

樋口　はい、私は完全にオヤジです。オヤジ型老後不適応症ですね。

入院する妻の病院食を食べる夫

上野　私なんか、独居歴が長いから、自炊の基本は冷凍庫とレンチン（電子レンジでチンする、の略）です。外食したら残ってるものをもらってきて、それで三日間くらい食べられるし。さらに、ものすごくありがたいことに、全国津々浦々にいるお友だちが「千鶴子ォ、食べてるかい？」って冷凍のお料理を送ってくださったりもするし。

樋口　お友だちってすごく大事ですよね。

上野　本当に大事。加えて、**冷凍庫とレンチンという文明の利器が暮らしを維持する必需品ですよね。**これらがあれば、家事能力の低いオヤジだって生きていけます。

樋口　私は家庭科の男女共修の旗振りをした一人だけど、これからは家族のために云々という前に、まずは自分がひとりで生きていくための食生活のあり方をちゃんと教えておかなきゃいけないですね。

上野　そう。特に男に教えないとダメですね。よく聞く話が、妻が突然の病気で入院しても、今のオヤジはコンビニ弁当があるから大丈夫だと言うけど、一〇日くらい経つと体調を崩すという……。コンビニ弁当って若者向きで揚げ物が多いし、味も濃いですから。

樋口　それだとまだいいほうで、私が聞いたのは、DV防止法の第三次改正がなされた二〇一四年頃の話。ある老妻が入院したんですって。そしたらダンナは家で食事がとれないものだから、毎日見舞いに来て病院で出される妻のご飯を食べるんですって。

上野　えーっ！

樋口　本当なんですよ。食事がおいしくて有名な病院ではある話らしいの。それで妻が「あなた、私にも少し残してくださいよ」と言うと、「お前がつくるより、よっぽどうまい。

よく勉強して帰れ」とか言ったと。

上野　ハラ立つ〜！

樋口　その病院の婦長さんが半ば冗談まじりに「樋口さん、こういうのは虐待にあたらないんでしょうか」と言うから、私、専門家に聞いてみました。そしたら、やっぱり不当に食物を制限するほど極端な場合、虐待にあたると。

上野　そのオヤジは病院まで出張虐待に出向いていたわけですね。でもまわりの人たちから見たら、毎日通ってきて仲のいいご夫妻ね、なんて思われていたのかも。

　私はベテランのおひとりさまですから、今のマンションに移ったとき、駅ナカデリを見つけたときの喜びは大きかったですよ。これで生きていけると（笑）。冷凍庫とレンチンに加えて、近所に駅ナカデリとコンビニがあれば最強です。そう考えると、調理定年になったって、いくらでも生きていく方法がありますね。

樋口　だけど、それはかなり長期的な政策が必要なんですよ。例えば、私の家は駅から歩くと一〇分かかるんだけど、昔、この家の敷地を見つけたときは駅徒歩五分の場所よりも静かだし、駅から少し離れる分、多少は広い坪数がとれるし、少し歩いたほうが運動にもなって、いろんな意味でよかったの。でも、今となっては一〇坪敷地が減ってもいいから食堂街のある駅近がいい！　かなりヨタヘロになっても、自分の足で歩いて、今日は蕎麦屋、明日はカレーと、ハシゴをして行けますから。人生百年を生きる高齢者の街選び、住み替え地選びは、そういうことも頭に入れなきゃいけないと今つくづく思いますね。

上野　そこまで思っておられるなら、家を建て替えるんじゃなくて、この土地を売っ払って、駅前のマンションとかに引っ越したらよかったのに。私は、高齢者は絶対便利なところに住んだほうがいいと思います。

樋口　自分の選択には、すべて禍根がつきものなのですよ。

　まあ、いろいろありますけれど、もう私はしようがない（笑）。**人生百年になったんですから、街づくりも変わるべきだし、老人は飲食店に恵まれた駅から近いところに住むべきだというのが、最大のアドバイスでございます。**

上野　そのとおりに、実践しております。

樋口　調理定年でもう一つ言っておきたいのは、調理に定年が必要だというのは私が最初に実感したことじゃなくて、幼少期からの友だちを通して感じたことなんですよ。私は東京人だから、小・中・高と学校時代の友だちが近くにいるわけ。そして、それぞれ普通より出世した男と結婚して、みんな良妻賢母になっています。その彼女たちから来る年賀状の但し書きが、八二歳くらいから変わってきたの。「あんなに好きだったお料理がこんなに億劫になるとは思わなかった」とか書かれたものが増えてきて。

そこから思い至ったのが、調理定年。**男も仕事の定年が延びたとはいえ、八〇歳になっても働けと言われると嫌になるように、女の調理も八〇歳になってもやるのはつらいものですよ。**ならば自発的に調理定年を設けるしかないと思って、長年連載をしている『明日の友』に書いたら、読者がそうだと声をあげてくれたわけです。

上野　そこは私とは微妙に世代が違う気がするな。というのは、私たちの世代だと、夫の定年が主婦の定年という人が多いんです。今は六五歳まで働けますけど、面白いのは夫が仕事を辞めたいと思っても、まだお金になるうちは休むのは許さないと妻に言われる男たちがいっぱいいること。それも六五歳までで、その後、夫は家にいるわけなので、これまで通りの役割を期待されても困るという妻は、私の世代では結構多いです。

樋口　私の世代は、最後の最後まで夫に尽くす人生を送る女がある程度多いわね。だから、調理定年という言葉が広まってから、思いがけない手紙もいただきましたよ。「調理定年は自分の本音ですが、ここで退いては人間として失格だから、心を引き締めて料理を続けます。考え直すきっかけを与えてくれて、ありがとうございます」とね。調理をやめるのは女として失格じゃなくて、人間として失格だと。

上野　真面目な日本の女ですね。ある意味、意地ですよね。嫁の介護にも通じるように思います。相手がどう思っているかに関係なく、これをやらなければ自分の気が済まないという。

樋口　「意地でも調理」？

上野　そのくらい自分が主婦だというアイデンティティが強いんでしょうか？　それがなくなると自己が確立できないくらいに。

樋口　そうね。つらい話だけれど、女性のアイデンティティの足場というのが、それしかないんだなということも、その手紙を読んで思った。

上野　その方たちは、自分が先に死んで夫が後に残ったらどうするんでしょう？

樋口　基本的に施設ですね。

上野　やっぱり、残された男には施設しか選択肢がないということですか。

恵子の知恵袋

孤食をオンラインで進化させよう

今回のコロナ禍に成果があるとしたら、一つは世の中にお弁当のデリバリーが広がったことです。私もシルバー人材センターのスタッフが来ない日は、適当に宅配弁当をとっています。私が利用しているのは「ベネッセのおうちごはん」というもので、毎回三種類から選べるようになっています。食材が豊富に使われていて、カロリーや栄養バランスも計算されていて、一個から届けてくれるので助かります。

大変結構なお弁当ですが、ヨタヘロ期まっしぐらの私は、外出が思うようにできず、気心の知れた友だちや仲間と一緒に食事ができないので、果たして今のお弁当が最適なのかがわかりません。それならば、とひらめきました。消費者意識を持って、じいさんばあさん消費者組合をつくり、オンライン食堂やクラス会を開くのはどうでしょう。そこでお弁当の品評会をやるというのもいけそうです。それぞれが自分のお弁当を食べながら、これはうまいだの、ダシが効いていないだの話すことを想像したら、ちょっと楽しい気がしませんか。

蔵書のやめどき

上野　断捨離（九九ページ）の続きですが、私たち研究者の業界で大変なのは、蔵書をどうするかです。最近、大学とか自治体の公共図書館でも、寄贈をお断りされちゃうんですって。

樋口　そうそう。もらってくれません。パートナーが死んだときも、そうだったもの。彼は日本の戦後ジャーナリズムについての分析にはかなり熱心に取り組んでいて、そのための資料がたくさんあったの。本人は、そういう資料は、自分が設立にかかわった大学の大学院で引き取ってくれるだろうと思っていたようなんですが、時代が変わってしまって、六分の一しか引き取ってくれませんでした。

上野　残りの六分の五はどうしたんですか？

樋口　残りの半分くらいは弟子たちに好きなのを持って行ってもらい、あとは売り払いました。

上野　樋口さんの本はどうするの？

樋口　**私はもう全集的な本はすべて処分したわ。**

上野　ご自宅の書斎にある本は？

樋口　資料的な本ばかりね。今後に使えそうな資料は興味ある人に持って行ってもらって、あとは廃品回収かな。

上野　私は書庫が家一軒分あるので、どうしようかと。最近、これはツライと思ったのが、加納実紀代さんの蔵書の寄贈先を探したときのことです。

樋口　あの方も資料が多かったでしょうね。

上野　そう。歴史家ですから資料価値の高い本をたくさん持っておられて、ご遺族がどこかに寄贈したいとおっしゃったので、最近「ジェンダー・リサーチ・ライブラリ」が新設された名古屋大学に声をかけたんです。でも、断られてしまったの！　それがすごくショックでした。加納さんの蔵書ですら受け取ってもらえないなら、雑本だらけの私の本なんて見向きもされないでしょう。

樋口　上野さんなら、上野文庫とか上野図書館とかできそうじゃない。

上野　そんなのあり得ません！

樋口　いやいや、亡くなった直後はつくろうという声があがると思うの。だけど、すぐにみんなに持て余される。

上野　その通りです。自治体がスポンサーになって有名な作家の記念館とかをつくりますが、一〇年、二〇年たったら時代も変わるし、かかわる人も変わる。

樋口　そうそう。読者層も変わっていくしね。

上野　当初はよくても、だんだん持て余してきて閉館するか民営化するかになる。民営化といっても、今はどこも引き取らないですよ。

樋口　でも、上野さんなら死んだ直後は文庫や図書館を、という声は出るでしょうね。

上野　ないですよ。上野千鶴子バッシングが山のように起こることは予想できますけど（笑）。誰が何を言いそうかまで見当がつきます。

樋口　でも仮に、戦後の女性問題について闘ってきた女たちのジェンダー会館的なものをつくるなら、上野さんは間違いなく中心人物だと思うし、我々だって隅のほうにちょこっと加えてもらえるかもしれないし。そういうものを、もし日本のお国がつくるなら、上野さんの本や資料はかなり収まると思いますよ。

上野　申し上げますが、それが不可能だと見極めをつけたから、「WAN」はデジタルアーカイブ（電子図書館）をつくったんです。

この話をちょっとだけさせてください。この二〇年ほどジェンダー研究や性教育へのバッシングが強まりました。フェミニズムというだけで男に敵対する思想だと短絡的に受け取られてしまったうえに、バックラッシュと行政改革で、各地の女性センターの図書室や情報室は逼迫《ひっぱく》しています。スペースもなくなっているし、予算も削られて新規図書の購入もできません。しかも一方で、私のところに次々とミニコミの休刊・終刊のご案内がくるんです。発行元のおネエさまたちがご年配になって、これ以上出し続けられないからと。その方たちが亡くなられたら、これまで出してきたミニコミはどうなるかというと、ご遺族にとってはただのゴミですから、放っておくと散逸していくばかりです。それなら、私たちが何とかするしかないと。そこで女性関係のミニコミをデジタル化してアーカイブをつくることにしたんです。たとえお金にならなくても、それどころか持ち出しでも、これはどうしてもやりたいと、WANが発足したときからの悲願でした。

そのミニコミ図書館を始めるときに、私たちの力量はさほど大きくないので、七〇年以降の第二波フェミニズムのミニコミに限定しようとルールを決めました。ところがその後、七〇年代以前からミニコミを出してこられた団体から収蔵のご希望があり、せっかくのお申し出をお断りするわけにもいかず、ルールを変更しました。七〇年代以前の日本の女の三大ミニコミの老舗といえば、まずは山崎朋子さん（女性史研究家／一九三二〜二〇一八年）の『アジア女性交流史』。そして、森崎和江さん（詩人／一九二七年〜）の『無名通信』。そして、石牟礼道子さん（作家／一九二七〜二〇一八年）が橋本憲三さん（高群逸枝さんの夫／一八九七〜一九七六年）と一緒に出しておられた『高群逸枝雑誌』。いっそのことこれを全部収蔵しようと、この三つのミニコミの著作権者が生きている間に交渉して、全員から合意をもらいました。「WAN」のホームページを見ていただけると嬉しいんですが、これらのミニコミのすべてをPDF化して掲載していますから、誰でも無料で見られてダウンロードできるようになっています。

樋口　創刊号から全部見られるの？

上野　そうです。『無名通信』の創刊号には、森崎和江さんの「創刊の辞」がガリ版刷りで書かれていて、その中の言葉で涙が出るほど忘れられないのは、『無名通信』という名前の由来についての文章です。〈（妻、母、娘、主婦……など）わたしたちは女にかぶせられている呼び名を返上します。無名にかえりたいのです〉。だから『無名通信』なんです。「WAN」サイトをググってみてください。そんな冊子を収録しています。

樋口 それは貴重な資料ですね。私たちNPO「高齢社会をよくする女性の会」会報も収録していただいてありがとうございます。

上野 蔵書のやめどきからちょっと脱線しましたが、改めて言いますと、私としては死後、自分の本や資料が「上野千鶴子文庫」として残されたら心底かなわん！って思ってます。なぜかというと、第一に、こんな雑本しかないのかと思われる。第二に、ちゃんと読んどらんやないかと思われる。第三に、こんなくだらんところに線引いてるって思われる。そんなん、やめてほしいわと思うわけです。**負の遺産は残さないに限ります。**

千鶴子の知恵袋

草の根ミニコミは時代を超えて

一九七〇年前後から、日本各地に生まれた草の根のミニコミ誌。小さな狼煙《のろし》がやがて日本のフェミニズムの炎となりました。女であることの生きにくさの原因を探り、どのようにそれを変えていったか。そして、何がなお課題として残されているのか。行間に息づく思いを今に伝え、火を燃やし続けるために、「WAN」では二〇〇二年からホームページ上にミニコミ図書館を開設しています。

その中に収蔵しているのは一〇七タイトル、四三〇二冊余のミニコミ誌です

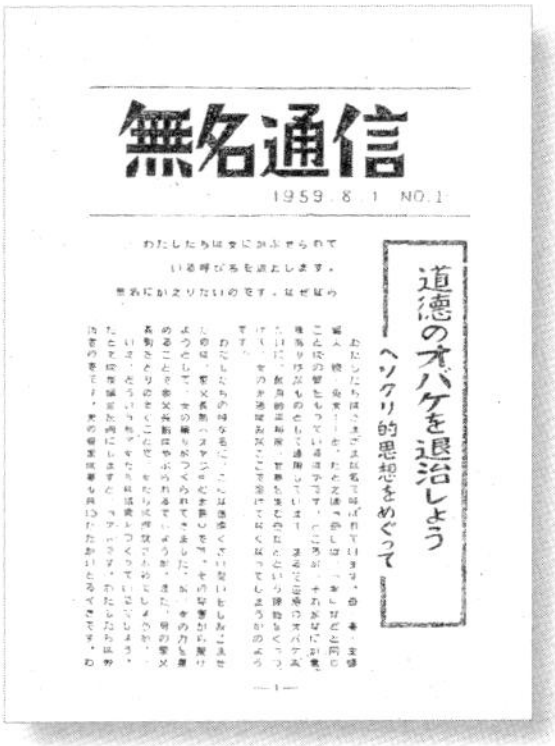

（二〇二〇年八月二日現在）。これらをすべて電子データ化し、半永久的に保存することで、いつでもどこからでも一瞬でアクセスできます。

ページをめくれば、そこには個人の日常生活から社会のことまで、素朴ながらも力強い女性たちの生の声が綴られており、それを読んで考え、気づき、力づけられただろう女性たちの姿が想像できます。同時に、語られている内容が決して過去のものだけではなく、半世紀を経た今と変わらない課題を含んでいることにも驚愕します。

（「WAN」ミニコミ図書館「館長ぁいさつ」より抜粋）

大食いのやめどき

樋口　歯が丈夫ということは、ものすごくありがたいことね。私は何でもおいしくバリバリといただけます。

上野　私もこういう歯並びで苦労していますが、歯の数はちゃんとあって、８０２０（健康長寿のために、八〇歳で二〇本以上自分の歯を残そうという厚生労働省の呼び掛け）は達成しそうです。

樋口　立派！　この間『ラジオ深夜便　珠玉のことば』（ＮＨＫサービスセンター編）を読んでいて、ある栄養学者の方が「年をとったら少食でなんていうのは間違いで、高齢者こそ食べ盛り。しっかり食べて長生きしましょう」って書いておられて、これはいいって思ったの。まさにその通りですよ。

上野　長生きする人の中には、毎日ステーキを食べているという人もいますからね。

樋口　そう、だから**食べ収めなんてないの。食べ盛りよ！**

上野　樋口さんは美食家でもあって、宅配弁当もＯＫという幅広さですよね。とすると、施設のあてがいぶちの食事も文句を言わずにお食べになる？

樋口　それは上野さんの知らない半世代上の人の強みですけれど、戦争もコロナも知っている我々としては、何でも食べられます。

上野　生命体として強さが違うんですね（笑）。ところで、「中流型栄養失調」でしたっけ？

樋口　「中流性独居無性型栄養失調症」ね。

上野　それ以降、食生活は変わったんですか？

樋口　はい。娘の徹底的な栄養指導が行われまして、毎日生野菜をボウルに一杯、ミニトマトなら必ず一回に六個は食べよと。

上野　六個？　すごい。ミニトマトなんて、私はせいぜい一、二個ですよ。

樋口　普通のトマトなら一個。娘がおっかないから、ちゃんと食べています。

上野　それで体調は変わりました？

樋口　変わった。まず食べたものが上から下に消化されていくのが非常に規則的になりました。それと、以前は空腹感もなくてしかたないから食べていたのが、今はかすかに空腹感が戻りつつあるの。

上野 それは長生きをなさる！ これからも体調管理をなさってください。

私はおひとりさまですから食生活は不規則ですが、それだけに料理って義務じゃなくて非日常。いってみれば娯楽なんです。だから、時間があるときに豆を煮込んで冷凍したり、っていうこともしています。食べるのも好きだし、食べさせることも好きだから、けっこう、みんなを集めて女子会をしています。

樋口 関西の方って食道楽よね。それが基本というのはいいことですよ。先日、上野さんのお家でご馳走になったお料理もおいしかった。

上野 「鴨とクレソンの失楽園鍋」ね（笑）。あれも『失楽園』（渡辺淳一／講談社／一九九七年／主人公の男女が情死の前に食べたという逸話のある料理）が出たときからのレシピだから、ずいぶん進化してるんですよ。

ということで、**年寄りにとって大食いのやめどきなどナシと。**

おひとりさまのやめどき

樋口　この項目を用意したのは、上野さんの考えを聞こうと思ったからなんです。

上野　**私は、おひとりさまをやめるときは、死ぬときだと思ってます。**樋口さんは、これまでの話からすると、おひとりさまにはいつか在宅での限界が来ると思っておられるのですか?

樋口　そうそう。

上野　実は、最近の高齢者介護の現場でのキーワードが「在宅の限界」なんです。じゃあ、「在宅の限界」が来たらどうなるのかというと、施設入所が「上がり」。在宅の限界にはいろいろあるけど、いちばん大きいのが認知症ですね。私の目下一番の課題は、認知症高齢者の独居の在宅がいつまでできるか。認知症といっても、緩やかに下り坂をおりていけば、なんてことないんです。だから私は、「在宅の限界」ということを言う

樋口　人たちに、食い下がっていいます。おひとりさまのやめどきは死ぬときですよと。

上野　私は難しい気がしますね。おひとりさまでずっとやれる条件というのはあると思うけれど。

樋口　寝たきりになったり、食べられなくなったら、認知症があろうとなかろうと同じ。施設に入った方より、同居家族がいる方より、独居の在宅の高齢者はご機嫌よく過ごしておられます。言い方を変えると、認知症の「周辺症状」とか「問題行動」の原因をつくっているのは周囲の人たち。ひとりのほうが、穏やかに機嫌よく下り坂を行けそうです。

上野　この間、連載をしている読売新聞の「人生案内」に、九〇歳近いお父さんが病気になってしまって、今後どうすべきかという相談がありました。お父さんの病気は手術をすれば当分は生きられると。本人としては手術をして長生きがしたいし、すでに家庭を持って自立している三人の息子たちも、ちゃんと生きられるなら手術をしてほしいと思っている。ところがお母さんが、これ以上長生きされたらかなわないから、やめてほしいとおっしゃったそうなんです（笑）。

樋口　すごい。それ、ご本人の目の前で言ったんですか？

樋口　家族会議の場で言ったの。それを聞いて三人息子が説得し、お父さんも考え直してくれと言ったんだけど、お母さんが頑として受け付けない。結局、お父さんは「じゃあ、わしゃ、このまま死んでもいいわ」と言い出して。どうしたらいいでしょうかというご相談。

上野　どう回答したんですか？

樋口　そういうときは命の主人公である本人の意思が一番だから、ご本人が生きたいというなら、まずその意思に添って母上を説得しましょうと。でも説得するには大事なことがあると思ったの。このご家庭はお母さん以外、全員男でしょう？　ひとり女の世帯っていうのは、一般に主婦に負担がかかるわけよ。家族全員の甘えと依存と支配を受けてね。

上野　妻はもうたくさんだと思ってるわけね。気持ちはわかる。

樋口　そう。だから説得するなら、お母さんが苦労しなくても在宅ができる体制をつくってあげてほしいと書いたの。

上野　私だったら、もっと簡単に「世帯分離しなさい」って言いますよ。

樋口　息子との世帯分離はとっくにしているのよ。

上野　息子とじゃなくて、お父さんとお母さんが。妻がケア役をしなくて済むように世帯を分ければいいのよ。同居してたら、つい世話しちゃうから、世帯分離が一番いいですよ。お父さんを独居の在宅でケアする体制をつくったらいい。今は介護保険でそれができるようになりました。

樋口　なるほど。自立した息子三人というのは、一般的にいうと娘三人よりは親にかけられる経済力が違うはずだから、人を頼むなりして、お母さんの負担をなくしてあげてということね。

上野　相談の回答に、お母さんの気持ちもよくわかりますって書かれました？

樋口　書きましたよ。《お父様の余命が放っておくと一年ほどで、手術をすれば長生きができそう。でも、四人の男たちの世話に追われたお母様のうんざりした思いも伝わってくる。お母様の気持ちはよくわかります》って。

上野　そのお母さんがそこまで言うって、よほどのことですよ。不満がたまりにたまってたんでしょうね。

在宅派？　施設派？

上野　ところで樋口さん、私にとって予想外だったのが、樋口さんは自宅を改築するという「ルビコン川」を渡って在宅派に完全にシフトなさったのかと思ったら、いやいや最期は施設かもと、この期に及んで言を左右しておられること。どうしてですか？

樋口　まだ決めていないんですよね。だから施設で死ぬというのも、今のところ、一つの選択肢であって、決してルビコン川を渡ったわけじゃないんです。川のほとりにたたずんで沈思黙考しているところ。前にも言いましたけど、高級老人ホームに入るお金は建て替えですっ飛んだものの、今は施設の価格も多様化してますからねえ。かといって、自由も欲しいしねえ……。

上野　樋口さんが入ってもいいと思うのは富裕層向けの有料老人ホームでしょう？　率直に聞きますが、社会福祉法人なんかがやっている特別養護老人ホーム（特養）とか介護老人保健施設（老健）で、これまでに入ってもいいと思われたところはありますか？

樋口　あります。最近、特養は個室ができてよくなりましたから。場所によっては有料老人ホームより中身がいいところがあります。私のまわりでも有料老人ホームから特養に移りたいという人がいますよ。その人の場合、有料老人ホームの毎月の費用は約五〇万円、特養なら三〇万円なんですって。

上野 それ、特養じゃないでしょう? 特養なら個室でもせいぜい一五万円程度ですから。

樋口 場所によるみたいよ。都心中の都心だから。とにかく順番待ちがすごいそうだけど、年金と連動してそれくらいかかるんだそうです。

上野 それだけかかるなら在宅にして、ヘルパーさんにお願いすればいいのに。

樋口 その人は男性で、軽い認知症と抑うつがあるの。だから妻がまいっちゃって。でも本人はヘルパーは嫌だ、妻じゃなきゃダメだと。それで一年がかりで説得して、なんとか施設に入っているんです。

上野 ということは、今は他人の世話を受けているわけですから、在宅でヘルパーさんにお願いしても同じことじゃないですか。いずれにしても、毎月三〇万円かかる特養は例外ですよ。私が樋口さんに聞きたいのは、標準的な特養で入居してもいいと思えるところがあるかどうかです。

樋口 港区の白金にいい個室特養があって、そこなら入りたいと思った。でも、その前に港区に住民票を移さないとダメだから結局ムリね。

上野　それはそうですね。

樋口　そういう意味では、自宅から歩いて数分のところにある特養も最近できた個室型ね。自宅から近いのは、環境が変わらないという点ではいいと思う。ただ、入所するには食事の良し悪しとかを調べないと。まあ、動けなくなって入所するなら、ロケーションもそんなに影響しないのかもしれないけれど。

上野　しつこいけど、それなら自宅にいたらいいのにと私は思います。

樋口　私は、上野さんたちの一番気に入らない点は、在宅でなければいい老後じゃないと思ってるところ。そう思われちゃあ多くの人が困るのよ。

上野　私は在宅原理主義じゃありませんが、在宅をやめる理由がわからないんです。どうして、「在宅の限界」の先の「上がり」が施設入居なのか。現場の人たちにも、強固な刷り込みがあります。

樋口　そりゃあ、「おーい」と呼んでも誰もいない不安とかあるもの。それに私は在宅が悪いなんて一言も言ってないですよ。在宅のよさは絶対にあると思う。でも、それなら在宅というものの環境をもっとよくしないと。

小堀鷗一郎先生の在宅医療なんかをみていると、今、在宅でいる人の多くは貧困問題を抱えています。施設に入るお金がないから在宅でいるわけ。そういう人はやっぱり入所してほしいですよ。

上野　残念ながら、特養も老健も、お金があるか生活保護の受給者か、そのどちらかしか入れないですね。最近の特養は個室型だけじゃなく相部屋も増やしていて、相部屋の場合、個室の半分の月七、八万円で入居できます。

たとえ毎月高額な費用を払ったとしても施設ってやっぱり切ないですよ。以前、月七〇万ほどかかる都内の老人ホームに呼ばれて講演をしたことがあるんです。私は「施設いらない派」だから、そのことを話していいかと聞いたら、「いいです」っていうので引き受けたんですが。現地に行くと、本当に芸のない真四角な建物で。その建物の中廊下をひとりのおじいさんが行ったり来たりしてるの。「あの方、どうしたんですか？」と聞いたら、「認知症で、外出してもらったら困るので廊下を歩いてもらっています」って。毎月七〇万払ってこれ？って、情けなくなりました。

樋口　**在宅の限界を決定するのは、たいていの場合、家族でしょうね。**

上野　でしょう？ということは、これからおひとりさまがどんどん増えて抵抗勢力がなくなれば、家を出る理由がなくなりますよね。

樋口　**おひとりさまのやめどきは、やめさせられどきでもあるわね。**でも、先の「夫の手術、延命はいやだ」という妻もいる。「在宅」を支えます、と言ってくれる（かもしれない）家族の数は減少するばかりです。介護離職も増えるでしょう。ひとりだけで「在宅」に耐えうる要介護者、最期まで自分で決定できる高齢者がどれくらいいるか。私はどうか。私は自分自身まったく自信がありません。

上野　私はおひとりさまですから、家族がいなくてよかった、と思うのは、そういうときです。

千鶴子の知恵袋

在宅ひとり死の心構え

以前、岐阜市で在宅療養支援に取り組んでおられる医師の小笠原文雄先生に、「在宅ひとり死は可能か」というテーマで取材をしました。その際、在宅ホスピス緩和ケアの哲学に共感でき、実際にケアを受けることで、苦しみを最小限にとどめながら、気楽にひとり死ができるという答えをいただきました。また、死にゆく者に必要な心構えとしては、次のようなことを挙げていただきました。

●遺された日々を自分が納得できるように過ごすにはどうしたらいいかを考えること

●家族がいるなら、最期まで家で暮らしたい。入院したくなったら、自分から言うので、そのときはよろしくと、言葉で伝える

●死んでからでは話ができないので、機会を逃さず遺言を残すことも大切

●家族と離れて暮らしている場合は、「死ぬ前に会いたくなったら連絡する。呼ばなければ立ち会う必要はない。お前たちの人生をしっかり生きよ」と伝えておけば、遺族も腹を据えられる。

『上野千鶴子が聞く　小笠原先生、ひとりで家で死ねますか？』
（上野千鶴子・小笠原文雄 著／朝日新聞出版／二〇一三年）より

その後、現場の経験値も上がりました。小笠原先生によれば、家族がいなくても独居の在宅看取《みと》りはハードルが越せるようになりました。それどころか、ここ数年、現場の方たちからは、独居の在宅看取りは「外野のノイズが少ないほど、やりやすい」という声も聞かれます。家族が同居していることは在宅看取りの必須条件ではなくなり、かえって障害にすらなることもあります。すべて介護保険二〇年の経験の蓄積の成果です。

第五章 人生のやめどき

薬のやめどき

上野　自由も欲しいということですが、施設に入ったら管理されると思いませんか？

樋口　管理されると思う。例えば、処方薬も決まった分量を毎回きっちり飲まされるとかね。

上野　以前「高齢社会をよくする女性の会」で、服薬の調査をなさいましたね。あの結果をみても思いましたが、私は将来、自分のケアチームに薬剤師さんに入ってほしくないですね。投薬管理なんてされたくありません。

樋口　六〇代後半の太りざかりだったときに大動脈瘤《りゅう》が破壊しかけたことがあって。ここだけの話、手術の後に処方された一日二錠の降圧剤が強すぎたから、勝手に一錠に減らして飲んでいた時期があったの。今は二錠に戻していますけど、当時は一錠にしたら、すごく快調だったんですよ。自己判断で薬を増減しちゃいけないんだけど、施設に入ると、まずもってそういうことができないわよね。目の前に薬の袋をばーっと並べて、ヘルパーの目の前で飲み込むまで管理されるわけだから。

上野 それが投薬管理の仕事ですからね。

樋口 だから、それが嫌だから施設に入りたくないと思っていることもあるわけ。娘にはうんと怒られましたけど。

上野 でしょう? 私も本当にそう思ってるんですよ。しかも、認知症になったら投薬の中に「アリセプト（アルツハイマー型認知症、レビー小体型認知症の進行抑制剤）」とかが入ってきますからね。

私は「近藤教」の信者というわけじゃないんだけど、近藤 誠さん（医師／一九四八年〜）からはいつも著書をいただいています。『このクスリがボケを生む』（近藤 誠著／学陽書房／二〇一九年）という本の中に「ケモブレイン」についての記述があるんです。ケモブレインというのはケミカルブレインの略語で、要は普通の処方薬によって引き起こされる脳障害のことです。慢性病でずっと継続的に投薬をされている人たちに脳の障害が起きることがあると。その薬の中にたしか降圧剤も入ってました。

樋口 薬は命を守ってくれもするけれど、多すぎると体が拒否反応を起こすことも事実よね。私はそういうとき、**体の声のほうに従って、それで死んだら自業自得だと思いたい。**

そう考えると、在宅にいるメリットの一つは、薬の増減を勝手にできるということもありますね。

上野　私もそう思います。「アリセプト」も飲みたくない。

樋口　にもかかわらず、服薬調査でもわかるように、七～八割の人が薬を飲んでいて「健康状態はどうですか?」という質問に、七～八割が「まあ健康」と答えているの。逆に今、自分で服薬管理している人は、自分ができなくなったら「誰もいない」と答えています。私は日本の在宅医療は服薬管理から崩れるんじゃないかと思っています。局方の薬をもらっている人は私を含めてみんな半病人だとこれまで思っていたんだけど、それでも私なんかはこうやって普通に働いて暮らしているわけですよ。つまり、病みながら老いていく、病みながら服薬とともに日常を生きていくというのが普通のことになっちゃったんだなあと。ということは、痛みを止める以外の薬をやめて、自然に死ぬという選択も、ある意味自然なことだと思うんです。特に、最期の一か月くらいは薬を飲まずに死にたいと言って止めた方の例もありました。私も服薬を中止したら元気になって生き延びたりして。

上野　ありうる、ありうる（笑）。

恵子の知恵袋

薬への不安を隠さないで

二〇一八年、「高齢社会をよくする女性の会」では、全国の「高齢者の服薬に関する実態調査」を行いました。その結果、長く問題視されていた高齢者の服薬の現状が浮き彫りになりました。

この調査結果を見て、私がまず驚いたのは、「元気な病人」の多さです。自分の健康状態の自覚として「とても健康」、「まぁ健康」と答えた人が合計七九パーセントにのぼったのです。そういう人たちは処方薬は飲んでいないかというと、回答者全体の八割が処方箋による薬を服用。一割弱の人は、なんと七種類もの薬を飲んでいました。

調査結果から伝わってくるのは、一定の年齢を超えると人は必ずといってよいほど医者通いをして薬をもらっている、ということです。そして、薬が多すぎると思っても、なかなか医師にそのことを告げられずにいる高齢者が多いことがわかります。また、薬剤師のほうが話しやすく、薬局で「先生に伝えてほしい」と頼む高齢者も。

二〇一七年の診療報酬改定で、薬剤師が医師に対して多剤を処方された患者への減薬を提言・実現させると点数がつくようになりました。薬剤師の発言の機会が、これ

図1●日頃の服薬に関する不安や心配

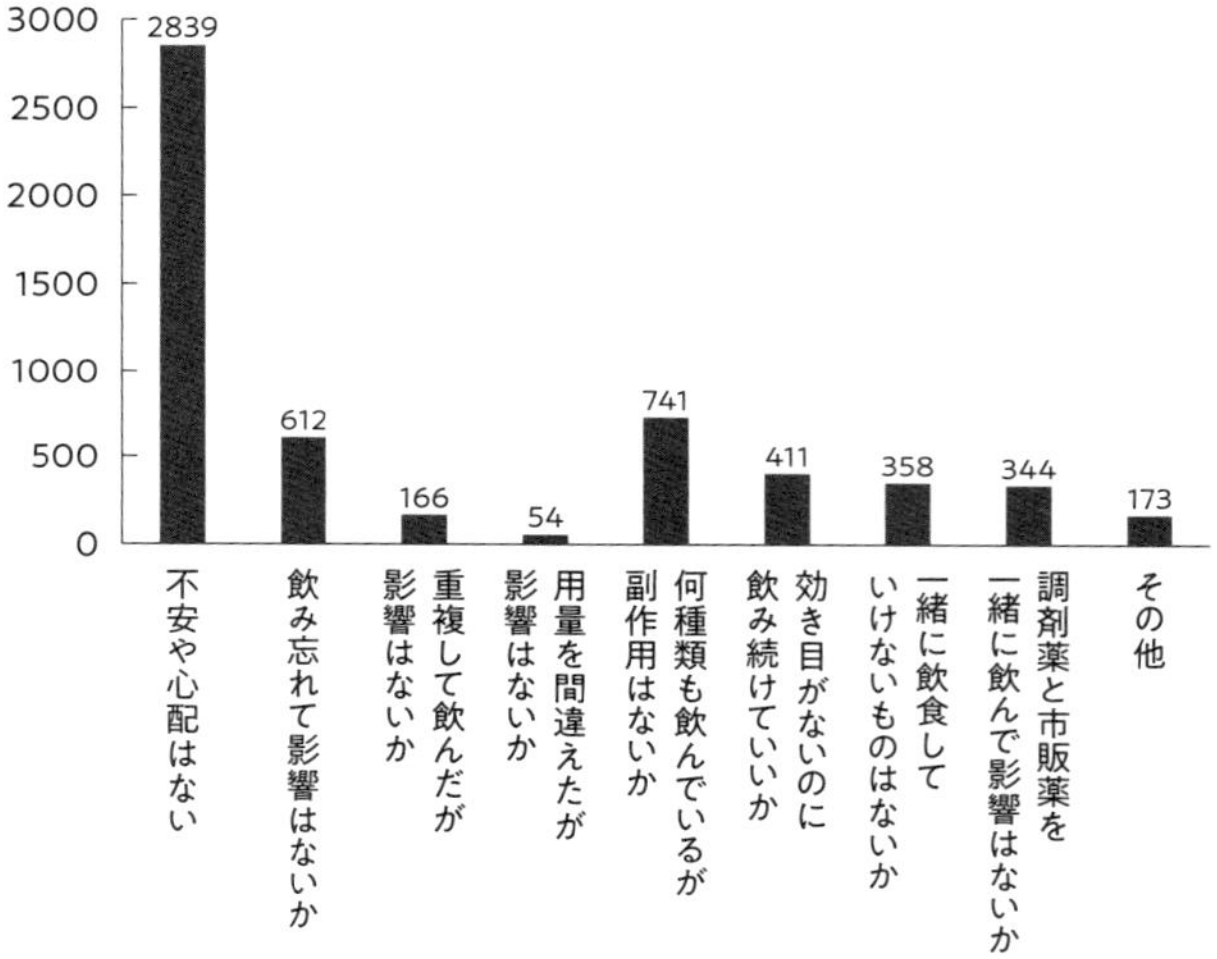

図2●健康状態別 服薬生活での不安

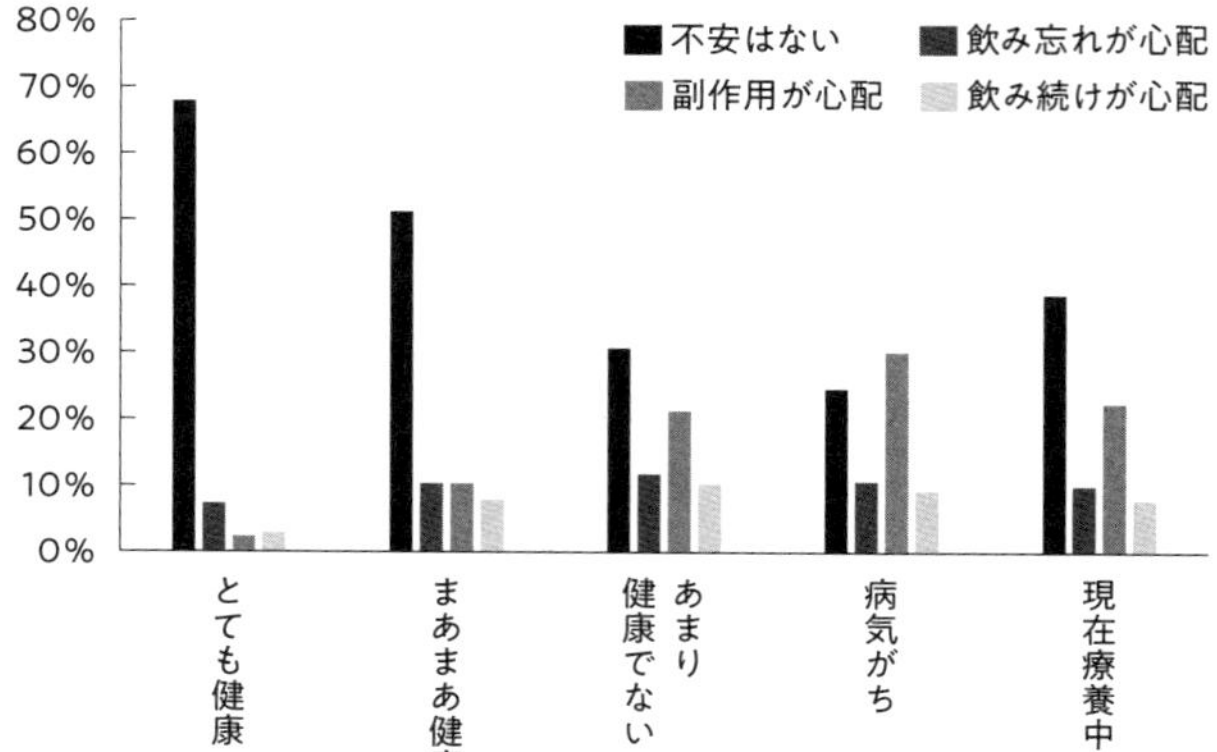

「高齢者の服薬に関する実態調査」より

からも増えていくように思います。と同時に、私たち患者の側も医師に対して薬への不安などをもっと率直に発言する必要があると思います。

右ページ上の図をみると、日頃の服薬生活の不安や心配については、約半数が「ない」と回答。医療への基本的信頼は高いものがあります。しかし、「多剤の副作用の心配」や「飲み忘れの影響」、「飲み続けている不安」などを訴えている人も少なからずいました。また下図では、日頃の服薬生活に関して「病気がち」の人は、副作用への不安がもっとも強いことがわかります。

人生のやめどき（1）

樋口　豊臣秀吉の遺言は、覚書も含めると三つあると言われていますが、私が最も心にしみるのが、「親のやめどき」（一四ページ）で話した「秀頼を頼み参らせ候」の後に出てくる「名残惜しく候」という言葉なの。**私も、その期に及んだら何と言うかはわからないけれど、きっと名残惜しく感じるに違いないわ。**

上野　私はないかなあ。これをやり残しては死ねない、という感覚がいっさいありません。

樋口　あなたはいつもやり尽くしているもの。

上野　いや、もっと若いときからないんです。自分の仕事なんてしょせん時流のものだし、これだけはやり切らないと死ねないとか、この本は自分の死後に残るだろうなんて考えたことがないの。だから、**この人生に私を引き留めるもの、しがらみというものが何もないんです。**それって子どもを産んだら違うのかと思って、まわりの子持ち女性に聞いてまわったところ、答えがものすごくバラバラなことに驚きました。例えば、子どもを結婚させるまでは死にきれないという人もいれば、子どもが三歳のときに親の自分は死んでもいいと思った、と言った人もいて。三歳と言った人は、あるとき三歳になったわが子を見て「あ、この子は私がいなくても生きていける」って思ったんですって。

ですから、それでこの対談では、ぜひ樋口さんに生きる理由の賞味期限がいつまでなのかを聞いてみたいと思っていたんですが、対談の最初のほうで、お嬢さんを一人前に育てたときに役目が終わったとおっしゃいましたよね。動物的にいうと、もうそれで死んでもいいとなりますか？

樋口 今年、八八歳になってつくづく思うのは、私はこれまで自分の器以上の仕事をさせてもらったということなんです。上を見たらきりがないけど、上にいる人たちは私みたいにヘエタラ生きている人間よりも、ずっと努力をしています。翻って私は、自分自身の資質や努力に対して、運がかなりいいほうだと思うの。だから、いつ死んでもいいくらい満足しています。

上野 それは仕事をやり尽くしたという気分ですか？

樋口　というか、もっとポピュラーな意味ね。要するに、偉くもない自分が器以上の仕事をさせてもらって、そこそこ名前が知られるようになって、いろんな意味で恵まれていて、そりゃあ、心からありがたいと思っていますよ。にもかかわらず――。ここから先が問題なのだけれど、一寸の虫にも五分の魂というものがあるせいか、これまで話してきたように、**これをしたかった、あれをしたかった、というものが今もって山のごとくあるわけです。**

上野　私、つくづく思いました。樋口さんは私よりずーっと欲が深いですね。そういう欲は私にはないもの。

樋口　うん、上野さんのほうがサバサバしていると思う。私のほうが断然、執念深いわね。だから『人生のやめどき』なんていう本の企画にもすぐにのっちゃうし、そういえば上野さんとはまだ対談していなかったなあなんて思って、上野さんを口説いて今こうしてお話ししているわけだし。

上野　対談の件はおっしゃる通り。私にとっても、樋口さんとじっくり一対一で話すこんなチャンスは二度あるかどうかわからないので、通り一遍のものじゃなく、率直にものを言わせていただこうと思って、臨んでいます。

樋口　生きているうちに上野さんと話しておきたいという思いは、これで果たせたわけだけど、ほかにもまだいくつか約束している本の企画もあるから、それを書き上げるまでは人生やめられませんわ（笑）。途中で死んだら、客観的に何でもなくても主観的には挫折ですね。

変化の時代を生きてきた

上野　話は変わりますが、さっき樋口さんが運に恵まれてとおっしゃったのですが、今から選び直せるとしたら、どの時代に生まれたかったですか？

樋口　少なくとも就職で私世代のような極端な差別を受けない、もう少し女を採用してくれる時代に生まれたかったわね。昭和ヒトケタじゃなくて。

上野　今の言葉で、以前、「WAN」が主催したシンポジウムで、樋口さんが同席した望月衣塑子《いそこ》さん（東京新聞記者／一九七五年〜）に向かって「私は悔しい」とおっしゃったのを思い出しました。「もし、三〇年遅く生まれていたら、望月さんのようにもっとフットワークよく活躍して、ドコソコ新聞に樋口ありといわれるような記者になっていただろう」と。

樋口　そういうことは、いつも思ってます。だから私は大きな状況からいえばとても恵まれていたと思うけれど、就職という場面から見たら、そうでもない。それは時代の中の女性の立場と深くかかわっているわね。

　東京家政大学を退職するとき、「女性の150年年表」というのをつくりました。明治時代から今日までの歴史の中で女性をとりまく状況はどう変わって来たか、という年表ね。それを見ると、一九四五年に敗戦を迎えた後にウーマンリブとか女性差別撤廃条約が伝わってきて、社会的にはショックを与えたけれど、法律や制度が変わったのは、そのずいぶん後の一九八五年以降ですよね。つまり、戦後四〇年は、少なくとも女性の生き方とか生きる場とかは微動だにせず家父長的家制度と男尊女卑、性別役割の中に女は囲い込まれてきたということなんです。

上野　そうか。運に恵まれたと思うのは、女が不運な時代を生きたからこそ、なんですね。要するに、その変化を体感して、自分たちの力で新しい変化をつくり出すことができたと。その実感がご自分の中にあるから、激動の時代に生まれたことへの感謝もあるわけね。

実は、私にも同じ思いがあります。フェミニストの大先輩の駒尺喜美さん（元法政大学教員／一九二五〜二〇〇七年）が五木寛之さん（小説家／一九三二年）との対談の中で、「自分の目の黒いうちに、区別が差別に昇格するとは思わなかった」という名言を吐いておられます。男と女はまったく別の生き物だから比較することすらムダだと思われていたのが男女の「区別」、それがあってはならない不当な「差別」に変わった。それを駒尺さんは「昇格」と呼ばれました。これは歴史に残る名言だと思います。そういう激動の歴史が二〇世紀後半におきましたからね。

樋口　とにかく、駒尺さんを含めて最近まで生きていたフェミニストたちは、みんな運がいいんですよ。時代の変化を実際に見られましたから。

上野　そうですね。自分がその時代と道行きをともにできてよかったという気持ちはあります。もし一〇年早く生まれていたら私は社会に出ることもままならず、おそらく片田舎で怒り狂って死んだと思う。でも、もし一〇年遅く生まれたら、私は意外とマネジメントの才覚があるからビジネスウーマンとして成功していただろうなと、実はひそかに思っています（笑）。

樋口　じゃあ、もっとお金持ちになっていたかもね。

上野　そうそう。

樋口　でも、変化の時代に生きられて、よかったじゃないですか。

上野　そうですね、楽しく生きています。

樋口　私もそうよ。ただ、そうだとしても「名残惜しく候」なの。それは私が八八歳だから思うことであって。いよいよ本当に終わりが見えてきたからこそ、あれもこれもと思うのよ。

上野　じゃあ、樋口さんの人生のやめどきは当分先ですね。

樋口　そうね。**私のやめどきは「諦めどき」**。そう主体性があるものじゃないですなぁ。要は、足が動かなくなって、ボケが進んで、嫌でも足腰がヨタヘロ期を教えてくれたとき、だわね。

人生のやめどき（2）

樋口　人生のやめどきについては、まだ話したいことがあります。私は常々、自己決定をする人間になりたいと思って生きてきたの。だから、京都で地域医療に専念された早川一光《かずてる》先生（医師／一九二四〜二〇一八年）のお亡くなり方が最初は疑問でした。

上野　どういう意味で？

樋口　早川先生のお嬢さんが書いた『早川一光の「こんなはずじゃなかった」』（早川さくら著／ミネルヴァ書房／二〇二〇年）という本の中に、先生が家族に囲まれながら医療・看護・介護を受ける中で、最後に中心静脈栄養にして、さらに高栄養点滴に切り替えた後、それまで口にしていた「寂しい」、「怖い」、「しんどい」という言葉のうち、「しんどい」しか言わなくなった、というくだりがあったでしょう？　それで、白目がまっ黄色になって、みるみる皮膚も黄色くなって……、あの延命処置はご本人に意識があったら望まれたかしら、と。

上野　その本は読みましたけど。延命処置をすることは、どなたが決めたのでしょう？

樋口　本には、周囲の決めることが多くなっていったと書かれていました。そのことについて早川先生からも、もうやめてくれというふうな指示は一切なく、病が深まれば深まるほど、家族の意思が強くなっていたと。それで、中心静脈栄養を選択しないのは殺人ではないかという声が周囲から出て、そういった延命治療になってしまったようね。在宅医療に貢献した早川先生としては、事前指示をしておいたほうがよかったと思う。でも最期の言葉が「しんどい」、「怖い」、「寂しい」。その通りだと思います。「こんなはずじゃなかった」というタイトルを含めて。死に方を選ぶといっても限度がある、ということですね。

上野　早川先生は、最期はご自宅で旅立たれたようですが、自分は病院には行きたくないという事前指示はなさらなかったのかしら？

樋口　大変な苦しみだったのと、レビー小体型認知症の幻聴・幻覚が強かった時期は、病院で治療せざるを得なかったみたい。特に、最後の高栄養点滴を入れるようになってからのお苦しみは、本を読んでいても本当につらく思います。他人の死に方は、その前にどんな倒れ方をするかによるから、あとから「ああの」「こうの」言えない、と思いますね。

上野 読者の反応としては、早川先生ともあろう人が、最期まで「怖い」、「寂しい」と言い続けて死んだことが、彼の最大の功績だというものもありましたよ。

樋口 それはそうですね。よくぞ言ってくださったと思う。その「怖い」、「寂しい」というのが、豊臣秀吉の「名残惜しく候」に通じると思うし、人間というのはもっと生きたいと自然に思う存在だから、そうやって世の中に未練を残しながら死ぬのが普通の死に方。**私も未練たっぷりに、この世を去りたいと思ってますよ。**

上野 早川先生はずっと人の世話をする側として生きてこられたから、一転して人に世話をされる立場になったことの無念さや口惜しさがあったと思います。でも、彼にはその思いを口に出していう相手が傍らにいたということですよ。相手がいなきゃ、言いたくても言えません。それって家族持ちの甘えといえば甘えですよね。独居の在宅で、そういう弱音を一言も言わずに死んでいった人の話をいくつも聞いていますから。

樋口 家族持ちの甘えねえ。

上野 そう。声を出せば届く距離に聞いてくれる相手がいるから、言い続けるというのはあるでしょう。ある意味、お幸せです。

樋口 そう、早川先生はお幸せでした。けれども、最期の最期しばらくの苦痛は余分だったと、やっぱり私は思うなあ。もう十分「しんどい」、「寂しい」、「怖い」と言ったんだから、その辺で逝かせてあげたかった。最初に造血部門のがんが見つかったとき、このまま放置すれば数か月の命だと言われたんですって。そこで治療しないという決断をしようとは、私もまったく思いませんよ。もちろん、治療してほしいと思うけれど、最期の最期はどうだったんでしょう。誰も決定できないからやはりご自分が前もって言うべき、とは思いますけれど、ね。

上野 ご家族のご希望とはいえ、主治医が延命治療の苦しみを知らないはずはないと思うんだけどなあ。今、在宅医療の常識は急速に変わっていますからね。

以前、横浜・寿町で在宅看取りをしている山中修ドクター（日本医師会赤ひげ大賞を受賞した在宅医／一九五四〜）に「死にゆく人って寂しいものですか？」と聞いたことがあります。そしたら、「怖い」とか「寂しい」という言葉は、寿町のおじいちゃんたちの口からは出ないと。彼らから出るのは「ありがとう」。この言葉が出始めたら、そろそろだと思うんですって。それはそれで、ものすごく感銘を受けました。看取る親族や知人は誰ひとりいないから、ドクターも「ご臨終です」とは言わない。伝える相手がいないから。その代わりに頭を下げて、「お疲れさまでした」と言うそうです。

樋口　**やっぱり私も、お礼は言って死にたいわ。「怖い、寂しい、ありがとう」って**（笑）。これは忙しいわね。だけど、今だって、こんな浅学非才の私がこうして生かしていただいているのは、「高齢社会をよくする女性の会」のメンバーをはじめ、皆さまの助けがあってこそですから。

自分のやめどき

上野　今、認知症に一番強い関心を持っていて。この間、認知症専門医に脳のＭＲＩを撮ってもらいました。自分の今の脳の状態を記録に残しておこうと思って。

樋口　私も撮ってもらった。

上野　早川先生はボケていなかったから、最期まで自分からおりられなかったかもしれませんが、認知症になってそのことを公表された長谷川和夫医師は、長谷川和夫からおりていっていいます。森崎和江さんも、あれほど聡明で知的な方でも認知症になられて、今施設に入っておられます。それを知ったのは、息子さんから来た手紙でした。その中に「母は、森崎和江からおりて穏やかに過ごしております」と書いてありました。素晴らしい表現だなと思ってね。樋口恵子からおりる。上野千鶴子からおりる――。

樋口　私なんか、もうボケてますよ。

上野　私や樋口さんみたいな人間には、「あの」樋口恵子、みたいな指示代名詞がつきまとうでしょう。そういう人でもいずれ、本人が本人をおりていくわけです。森崎さんの息子さんからの手紙を読んで、ああそうか、そうやって最後は自分からおりられるんだ、ということが何だか慰めになって。**認知症は単に忌むべきものじゃなく、自分にとってのある種の希望になりました。**

樋口　いいお話ね。

上野　長谷川和夫先生の奥様も立派だなと思うのは、認知症を患ってからの長谷川先生は落とし物をしたり、財布をなくしたり、いろんな失敗をなさるんですって。普通、財布をなくしたら、落ち込むじゃないですか。でも奥様いわく、「そういう自分の不始末も忘れっぽいので、堪《こた》えていないようで、何よりです」って。そんなふうに穏やかに機嫌よく、誰からも責められたりせずに、認知症になっても自宅で暮らせたら最高じゃんって思います。

樋口　ボケ方もいろいろですけどね。

上野　そうなんです。機嫌のいいボケ方ができたらいいですね。

樋口　私も、かつての同級生がボケて、もう七年になるの。たまにお見舞いに行くんだけれど、三年前くらいまでは私たち同級生が来たことをわかってくれたんだけど、最近はもう誰が来たのかわからない。ただ、何となく自分に好意を持っている人が来てくれたと思って、ご機嫌はいいんですけれど、枕元に飾ってある夫の写真を見ても、「誰だったかしら」という感じね。

上野　素晴らしいじゃないですか。**妻からもおり、母からもおり、自分からもおり……**。

樋口　でも、そうなると、お見舞いの足も遠のきますね。それはそれでいいのかしらね。つらいですけどね。

上野　今は介護保険のおかげで支えてくださる方がいるし、社会的にあの世の人になっていけばいいんじゃないですか。

　母親と確執のあった娘なんかは、そうやって人が変わった母親を見てやっと和解ができたと思ったりするし、反対に自分を抑えて生きてきた母が認知症になって天衣無縫にふるまうようになるのを見た娘が、お母さんの晩年にこういう時間があって本当によかったと思うこともあるそうです。こういう話を聞くと、ボケるのも悪くないなあと思ったりもするんですよ。

終活のやめどき

樋口　いろんな人から親の死に際の話なんかを聞いていると、例えば遺言を書いてきちんと配分しておこうと思うのは、自分が死ぬ半年くらい前らしいですね。本当に、もう息をしているだけという状態になると、意識はあっても、もうどうでもええわってなっちゃうみたい。そうなると、終活もなるべく早めがいいですね。これは日野原重明先生（医師／一九一一〜二〇一七年）からの直伝でもあるんです。「樋口さん、遺言とか、遺族に言いたいことがあったら、なるべく早めにおっしゃることですよ」って。

上野　遺言は書いてらっしゃるんでしょう？

樋口　「高齢社会をよくする女性の会」にどれだけのことをするかというのは公正証書にしてあります。それ以外は、どこにいくら寄付するとかは部分的にしか書いてませんね。相続人はひとりだから、うちの場合は争いがないので。

上野　**私は四〇歳から書いてますよ。**四〇歳のとき、一年間海外に出たんですが、数えてみたら年間計五三回、飛行機に乗りました。こうなると落ちるのは単なる確率の問題だから、書いておこうと思って。それから何年かごとにバージョンアップさせています。

樋口　やっぱり、おひとりさまは覚悟が違うわ。

上野　ところで、ACP（Advance Care Planning＝人生会議：自らが望む人生の最終段階における医療・ケアについて前もって考え、医療・ケアチーム等と繰り返し話し合い共有する取り組み）はどう思われます？

樋口　私は自分の意向を書き添えた名刺を、保険証のケースに入れて携帯しています。《意識が混濁し、かつ回復不可能なときには、延命のみを目的とする治療はお断りいたします。ただし、苦痛の除去に関する治療はよろしくお願いいたします》って。パートナーを見送って、つくづく延命だけの医療は嫌だと思ったものですから。それを書いて、もう二〇年近く、保険証の中に入れて、その意思を娘や知人らにも伝えているの。

上野　樋口さんは、ACPには賛成ですか？

樋口　基本的にはね。でも、ACPもいろいろですね。そもそも自分の最期を人生会議なんていうもので決めてほしくないと思うの。もちろん、自分の意見を聞いてもらうことは大賛成ですが、会議で多数決で議決なんかされちゃかなわない。

上野　最近の英語圏の言葉だと、ＳＤＭ（Shared Decision Making：共同意思決定）といって、子どもや医療関係者やご親族と合意したうえで、本人の生き方に合った治療法を選ぶということだそうです。

樋口　最近、読売新聞で「私と人生会議」というタイトルの七回シリーズがあって、その最終回は私の談話で締めくくられているんです。でも、私の談話なんかを超えて、それまでに登場したケーススタディが興味深いの。死がそれほど差し迫っていないせいもあるんだけれど、患者さんが主人公となって自分の話を周囲の人たちに聞いてもらうことで、ある意味、患者さん自身が変容していくのね。最期まで社会の一員として周囲の人とコミュニケーションがとれる。そこでの会話によって結局どうするかということなんて何も決まっちゃいないんですよ。でも、ＡＣＰによって患者さん自身が人との信頼関係を取り戻せるということは、とてもいいことだと思うんです。

上野　そんなの当たり前じゃないですか。ＡＣＰ以前の話ですよ。

樋口　そうよ。でもそれができていない現実がありますから。

上野　メディアが感動ストーリーを紹介して、全体としてＡＣＰはよきものという論調になってもらっては困ると、今、聞いていて思いました。確かにACPにはポジティブな例もあるだろうし、その新聞連載にはいい事例が載っていたんだと思うんですが、私はそうではない可能性のほうを恐れています。

典型的なのが、公立福生病院の例です。腎臓病の女性患者に人工透析治療の中止の選択肢を示して、中止を選んだ患者が一週間後に死亡したでしょう？　あとで、治療の開始にあたってACPの文書の提出を求めていたことがわかりました。この先、ACPブームが起きたら、病院の治療開始にあたっても、施設入所の際にも、ACPの文書を提出させて、署名を要求するようになるのではないかと心配です。「気持ちはいくらでも変えられます」、「決めたことを後で翻してもかまいません」と言われても、日付を入れて署名させること自体が、すでにハードルを上げています。こんな手続きが、今後日本中に怒涛のごとく広がると嫌だなと。私の尊敬する介護業界の方たちはこの問題をどう考えておられるのか。「私は推進側の立場だけど、ほんとは嫌なのよね」という方を、私は信頼しています。

樋口　私は、ACPが一つの手続きみたいになって標準化されてしまうことに反対。でも話は聞いてほしい。

上野　私も反対ですが、いずれそうなりますよ。

樋口　ひとりの先行きの短い人間としては、やっぱり苦しみたくないし、長引かせたくないしと思っているのも事実ね。

上野　普段から、お嬢さんにそう伝えておけばいいんです。

樋口　娘にはもう言ってあるし、さっき話したように二〇年も前から私は保険証の中に意向を書いた名刺を入れてますよ。

上野　それでいいことなのに、ことさらこの時期に、人生会議というよくわからないニックネームをつけて全国的に推進しなくてもって、思いません？　人生会議なんて名前をつけなくたって、十分なコミュニケーションを重ねていれば、それで済む話ですから。

樋口　**人生会議ならぬ樋口会議ね。**署名した書面が下手に使われて、ACPの書面がないと入院もできないなんてことになったらおおいに困るわ。拒否することができるようにしておくべきね。

ただ、上野さんみたいに真っ向から絶対反対ということもできるけれど、私のパートナーの三年二か月に及ぶ闘病生活を見ていて、私だったらあんなふうに生きたくないと思ったのも、自分としての実感であり現実です。

上野　三年二か月の闘病って、それはご本人の選択だったんですか？　それとも樋口さんの選択？

樋口　樋口さんの選択というよりは、当時は気管切開という救命措置はしなきゃいけないものだったの。私はどうしても行かなきゃいけない講演旅行を控えていて、医者から気管切開の同意を求められたわけ。「舌根沈下といって舌の根元が咽頭に落ち込んで気道を塞いでしまっているから気管切開をしたいがいいか」って。「同意しないとどうなりますか」と聞いたら「気管が塞がって確実に死を招きます」と。「それに今、気管切開しなければ、患者を放任したことになり、我々は罰せられます」と言うから、「じゃあ先生方にご迷惑をかけるのは申し訳ないので」と、署名してハンコを押したわけ。それ以来、三年二か月、身動きもできず。

上野　意識は？

樋口　ある程度、あったわね。でも、何も言わずに死んじゃったから、貯金通帳からおろすこと自体、ベッドサイドに弁護士と銀行の支店長を呼んできて、彼の意思を確認したの。彼は右手の親指一本と瞬《まばた》きができたから、「あなたの預金通帳からお金をおろすことを、ここにいる樋口恵子さんにお任せしていいですか？　よければ親指を立ててください。悪ければ立てないでください」という感じ。

上野　法律婚じゃないから、そういう手続きが必要だったのですか？

樋口　そうそう。事実婚でしたからね。法律婚でも本人確認は必要だと思うけれど、でも、本当に指一本でも動いてくれたおかげで、お金の問題は解決しました。

胃ろうを拒否した夫に思いをはせる

樋口　ここからは私の身勝手な話なんだけど。三年二か月、命を保つために栄養は鼻腔栄養で、排泄一つするにも大変な騒ぎでね。看護師さんには本当に頭が上がりませんでした。その状態が三年二か月続くわけですよ。ただ、彼は二つの大学で教えていたから、その間も枕元には両大学の学生たちがやってきて、音楽を聞かせてくれたり、バカ話をしてくれたり、賑やかでした。だから、彼の晩年が貧しかったわけではなく、とてもハッピーな三年二か月だったとも思うんです。

その中で忘れられないのが、胃ろうの選択ですね。「病院から胃ろうにしますか？」

という話がきて、私は鼻腔栄養のつらさを目の当たりにしていたから同意書にサインをしたんだけれど、最終的に、彼が右手の親指で胃ろうを拒否したの。

上野　同意書にサインをする際は、ご本人に意思を確認されましたか？

樋口　ある日、私が病院に行ったら院長が呼んでいるというから院長室に行ったんです。すると、「今、鼻腔栄養で栄養をとっているけれど、最近は胃につけたチューブから直接栄養を入れる胃ろうという外科手術が発達していて、その処置をすると摂取できる栄養の種類も豊富になるし、寿命の延長にもつながるし、今よりはるかにいいと思うけれど、いかがですか？」と聞かれたわけ。私は、医者の言うことはなるべく従うようにしていたから、「じゃあ、よろしくお願いします」と、ハンコを押してサインをして。でもその後で「やっぱり本人の意向を聞かなきゃいけないので、最終的に本人が了承してからでお願いします」と言い添えて、大学の授業時間が迫っていたからキリキリしながら病室に行って、「今、院長先生のところに行ったらカクカクシカジカで、寿命も延びるそうだし、栄養状態もよくなるしってすすめられたから、サインしちゃったわよ、いいわね？」と言ったら、彼は右手の親指をタテに動かしてイエスの返事をしたの。ただ、その動かし方がとっても微かでね。何だかちょっと……と思いながら病院を出ようとしたら、ちょうど彼と仲のいい総婦長さんとばったり会って。それで私がまた早口で「カクカクシカジカなんだけど、どうも頷き方がハッキリしないんですよ。婦長さん、今夜に胃ろうがどういうものかを説明して、許諾をとってくださいませんか?」とお願いしたの。許諾がとれたら、翌日の朝一〇時から手術をすることになっていたんです。もちろん、総婦長さんには「説明して本人がもしノーなら、胃ろうの手術は中止でお願いします」とも言いました。その結果、彼は拒否をしたんですよ。

上野 胃ろうが嫌だったのね。

樋口 当時はまだ胃ろうの技術ができて間がなかったから、彼は胃ろうというものをよく知ったうえで拒否したんじゃないと思う。じゃあ、何が嫌だったのかというと、その理由、三年くらい経ってからなんとなくわかりました。

そもそも彼が入院する羽目になったのはヘルニアになったとき、ムリをして手術の時期を逸したことで脳梗塞を起こしてしまって。つまり、彼が胃ろうを拒否したのは、もう身体への侵襲はこりごりという思いからだったんじゃないかと。でも考えてみたら、私も総婦長も、彼に説明するとき、胃ろうで寿命が延びるという言葉を使っていたの。だから、彼はこんな不自由な体になって寿命が延びるのはもう御免という思いもあったのかも。そう思うと、急にかわいそうになっちゃって。だから、彼が死んで二一年経つ今も、どっちが本当の理由だったのかわかりません。彼は人の気持ちを大切にする気遣いの男でしたから、みんながお見舞いに来てくれるのは嬉しいけれど、これ以上、迷惑はかけられんと思って拒否したのかもしれないし。

そんなことがあったから、私は排泄一つするのにも人の手を借りて、ただ生きているだけという人生を長く送りたくないんです。それを言うと、ある病院のお医者たちが、「樋口さん、死には一人称の死と二人称の死があるんですよ。そこは一致させなくては一人前の資格がありませんよ」なんておっしゃるので、私は資格なんてなくていい！と。死への答えはまだ出ないけれど、死への標準的手続き化みたいなものには抵抗を持ちます。同時に、食事から排泄まですべて人の世話になって生きる人生を長期間受け入れるかと言われたら、ノーですね。障害を持った人の生きる権利に触れる、と言われたら返す言葉はありませんが。

上野 聞いていいですか？パートナーと同じ立場に樋口さんがなったとして、お嬢さんがかつての樋口さんの立場だとして、お嬢さんが胃ろうを決定したらどうなさいます？

樋口　コラッて言う（笑）。
上野　コラッも言えない状態だったら？
樋口　じゃあ、彼がしたように親指一本でノーって言う。娘は十分承知していますし、厄介な親を長く抱え込みたくないほうだから、大丈夫です。
上野　そのときになってみないと、わかりませんよ。
樋口　結局、人はあれもやりたい、これもやりたいと思いながら死ぬんです。だけれど、それこそ理想の人生で、最期までしたいことが残っているなんて素晴らしいことだとも思うわけ。**長生きすると、未練も深く長くなる。**それこそ成功した人生ではあるまいか、と思います。最近のＡＬＳ患者を医師が報酬を受け取って安楽死させたことへの批判は当然ですが、そういうとき「死にたい」という人の権利はやはり無視されて当然なんでしょうか。
上野　「死にたい」人に、生きていける選択肢を示さない／示せない社会のほうが問題だと思います。

恵子の知恵袋

ACPは繰り返してこそ意味がある

ACPとは、自分が希望する医療・ケアを受けるために、大切にしていることや望み、どのような医療やケアを望んでいるかについて自分自身で前もって考え、家族や医療関係者らとあらかじめ話し合い、共有しておく取り組みのことです。二〇一八年に日本では公募によって「人生会議」という愛称がつき、また、一一月三〇日（いぃ看取り・看取られ）を「人生会議の日」とし、人生の最終段階における医療・ケアについて考える日としています。

将来、体の具合が悪くなったときに、受けたい、あるいは受けたくない医療行為の希望を表明しておくことを事前指示といって、その内容を文書にしたものが事前指示書と呼ばれています。事前指示書が自分の思いをあらかじめ提示しておくのが主なポイントなのに対し、ACPは家族や医療・ケアの担当者と話し合って確認するという行為が大事な点です。重い病気となって回復が期待できない場合、人工的な栄養補給として胃に管を通して栄養を入れる胃ろうや点滴で栄養を入れる静脈栄養法、また呼吸ができなくなったときの人工呼吸器などの延命処置を希望するかどうかも、家族やかかりつけ医などと話し合っておくことが、将来を見据えた自分の生き方にもかかわってきます。

まずは自分の人生をどう閉じたいかについて考え、身近な人たちと話し合うこと。そしてその内容は環境や体調の変化によって変わるものだと理解し、繰り返して話し合いを行うことが大切です。以前の考え方を否定する自由、少数派でも自由に発言できる自由が何より大切だと思います。

おわりに

――樋口恵子

　ついに私、最近のことですが、平均寿命超えをしました。日本女性の平均寿命が八七・四五（男性八一・四一）を記録し、女性は香港に次いで世界二位（男性は三位）。そして私はこの五月に八八歳の誕生日を無事に迎えました。「無事」と申し上げましたが、心臓、肺、膝に古傷を抱え、目は白内障の手術をしたばかり、耳は難聴の度を日々加えつつあります。フレイルというのか非健康寿命というのか知らないけれど、日々老衰の度を加え、廊下を歩くにも椅子の背や壁づたいに歩くヨタヘロ老女です。慣れたところならかろうじてひとりで外出できますが、「いつ死んでもおかしくない」年齢に達したことだけは紛れもない事実です。

では、十分に世を去る覚悟ができているか、というとダメですねえ。この本をお読みになればわかりますが、一六歳年下の上野千鶴子さんのほうがはるかにいさぎよい。こういうの、性格なんじゃないでしょうか。私は子どものころから死ぬのがこわくて、どうしてみんな平気で生きているのか不思議でした。一〇歳前後のころたまりかねて二、三人の年長者に質問したことがあります。

「みんな、死ぬのこわくないの？　どうしてみんな死ぬのに子どもを産むの？」

そのうちのひとり、母のこたえに、私は言葉を返せませんでした。

「仕方ないでしょ。天皇陛下だって死ぬんだから」

このお方を引き合いに出されたら、一切の疑問も恐怖も歓喜も真っ白に消さなければいけない時代のことでした。

戦後、一三歳だった私を含めて、日本国民はみんな命の所有主になり、生きることを目指して奮励努力できる時代になりました。戦争中に比べれば、何という生きる手ごたえに満ちた人生でしょう。一五年も続いた戦争のおかげで、日本人は死に食傷し、しばしば死を忘れ、生きることばかり見つめてきたような気がします。それが今、大量死時代を迎えながら、日本人は死を見つめ語ることが苦手だ、などと言われる遠因になったのではないでしょうか。

苦手ですよ、やっぱり。楽しいことばかりではなく、生きることは苦しくむずかしいことが実に多いのですが、やっぱりおもしろいですもの。特に私の世代は、戦後四〇年も動かなかった女性の地位、役割、生き方が社会と共に動き出した時代に間に合いました。人の寿命が長くなったおかげでもあります。今、未来を展望してみても、女性のあり方が歴史的、国際的、社会・経済的、倫理的に見ても、動きの方向は変わらないと思います。変化の多い時代に生まれて、多くの人々と出会い、時代の一翼をささやかながら担えたことは、何というしあわせか。女性たち、男性たちのより生きがいに満ちた人生を心からお祈り申し上げます。

私が先達の遺言から今の自分の心境に近いものを選ぶとすると、やはりこの本でも話した秀吉の「名残惜しく候」でしょうか。私には心にかかる幼な子はいないけれど、皆さんのいらっしゃる浮き世とはお名残り惜しい。仲よくつき合ってくださった皆さんのご寛容と、ご親切に心から感謝し、ご多幸を祈ります。これからのますます血縁親族が少なくなるファミレス（家族減少社会）において、人をつなぐ有効な用具は、寛容と関心と感謝の三Kではないかと思います。

この本をつくってくださってありがとうございました。

上野千鶴子さんありがとうございました。

この本をお読みくださってありがとうございました。

樋口恵子　ひぐち・けいこ

一九三二年東京生まれ。
東京大学文学部卒業後、時事通信社、学研、キヤノン株式会社を経て、
評論活動に入る。東京家政大学名誉教授。
NPO法人「高齢社会をよくする女性の会」理事長。
著書に『樋口恵子の人生案内 前向き長持ち人間関係の知恵』（海竜社）、
『老～い、どん！ あなたにも「ヨタヘロ期」がやってくる』（婦人之友社）では、
自身のヨタヘロぶりを綴り、老いの現実と覚悟を伝え続ける。

上野千鶴子

うえの・ちづこ

一九四八年富山県生まれ。京都大学大学院修了、社会学博士。東京大学名誉教授。
認定ＮＰＯ法人ウィメンズアクションネットワーク（ＷＡＮ）理事長。
専門学校、短大、大学、大学院、社会人教育などの高等教育機関で40年間、
教育と研究に従事。女性学・ジェンダー研究のパイオニア。
著書に『家父長制と資本制』（岩波現代文庫）、
『おひとりさまの老後』（文春文庫）、
共著に『上野先生、フェミニズムについてゼロから教えてください！』（大和書房）
などがある。

しがらみを捨ててこれからを楽しむ

人生のやめどき

二〇二〇年九月二四日　第一刷発行

著者　樋口恵子／上野千鶴子

発行者　鉄尾周一

発行所　株式会社マガジンハウス
〒一〇四-八〇〇三　東京都中央区銀座三-一三-一〇
書籍編集部☎〇三-三五四五-七〇三〇
受注センター☎〇四九-二七五-一八一一

印刷・製本所　株式会社千代田プリントメディア

ISBN978-4-8387-3123-7　C0095